통나무

도올의 교육입국론

김용옥 지음

노심초사 이 땅의 교육을
　　　염려하는 모든 사람들에게,

그리고 뜻있는 교사들의
　　　　토론을 위하여!

천태산天台山

【국청사와 수탑】

중국 절강성浙江省 태주시台州市 천태현天台縣 성북의 천태산 기슭에 있는 국청사國淸寺는 천태종의 개창자인 지의智顗, 538~598의 발원에 의하여, 수나라 개황開皇 18년(598)에 개창되어 수문제 인수仁壽 원년(601)에 사우寺宇가 초성初成되었다. 지의는 속성이 진陳이고 자를 덕안德安이라 했고, 대대로 영천潁川(하남성 허창許昌)에서 살았다. 어려서부터 총명하여 불경에 통달하였고 부모가 돌아가신 후 18세 때에 상주湘州 과원사果願寺로 출가한다. 후에 남악혜사南嶽慧思 선사를 뵙고 선법禪法을 깨우치고 교관총지敎觀總持(교종과 선종을 통합한다)의 철학을 정립한다. 지의는 진왕晉王 양광楊廣과 짙은 법연法緣을 맺었는데 지의는 양광에게 보살계를 주면서 "총지總持"라는 법명을 주었고 양광은 그에게 "지자대사智者大師"라는 칭호를 바친다. 이 양광이 바로 고구려를 3번이나 쳐들어 온 수양제이다. 이 국청사의 가장 위대한 유적이 수탑隋塔인데 그 장관壯觀의 웅위雄偉함은 도무지 말로 형언키 힘들었다. 높이가 59.4m에 이르며 6각형의 9층탑인데 강황색의 벽돌로 지어졌다(601년 10월에 낙성). 감실외벽에 3존불이 새겨진 벽돌이 있는데 그 모습이 정미精美하기 그지없다. 이 탑은 수양제가 지의대사의 은혜에 보답하기 위하여 지은 것으로 보은탑이라고도 한다. 이 탑이 천사백 년 이상을 견고하게 버틴 것은 암반 위에 지어졌고 벽돌이 특수하게 구워졌으며 오묘한 점토찹쌀 자연시멘트의 기능이 위력을 발휘하기 때문이다. 우리나라 고구려의 스님 반야(波若라고 쓴다)가 지의대사가 돌아가시기 2년 전에 와서(596년) 그에게 직접 도통을 전수받고 이곳에 16년을 머물렀다. 지의는 『법화현의法華玄義』, 『법화문구法華文句』, 『마하지관摩訶止觀』과 같은 명저를 남기었다. 그리고 약 500년이 지난 후 고려 문종의 4째 아들 의천義天, 1055~1101이 이곳에 와서 천태교의를 통달하고 『의천대장경』(속장경이라는 명칭은 부적합하다)의 저본이 된 불경을 수집하였고, 이 위업은 후에 『팔만대장경』이 판각되는 기초가 되었다.

2017년 11월 12일 촬영

【일러두기】

이 책에 쓰인 중국어·일본어 표기는 우리나라 학계에서 최초로 엄밀한 음성학적 성찰을 거쳐 과학적으로 완성된 씨케이시스템에 준거한 것이다. 표기라고 하는 것은 우리말의 글자체계를 통하여 그 표기대상인 외국어의 원래 모습이 정밀하게 재구성되는 것을 원칙으로 삼는다. 그리고 일본이나 중국이 반포하여 세계적으로 통용되고 있는 알파벳체계에 준거하는 것이 정도일 것이다. 그런데 현재 우리나라 공적 매체에서 쓰고 있는 표기체계는 그러한 변별력이 없는 임의적인 체계이며, 음성학적으로 하등의 근거가 없는 이념에 의하여 지배되고 있는 괴이한 표기방식을 따르고 있다. 젊은 학도들의 각성을 촉구한다. 씨케이시스템에 관해서는 『동양학 어떻게 할것인가』(통나무) pp.329~384를 참고할 것.

목
차

나의 교육신념
My Pedagogic Creed

촛불혁명으로 이 조선의 땅에는 진정한 개벽의 여명이 시작되었고, 중국은 중국공산당제19차대회에서 시진핑 주석이 "신시대新時代"를 선언함으로써 지난 40년간의 단순한 "개혁개방"의 서구지향적 발전모델을 벗어나 "생태문명건설the Construction of Ecological Civilization"이라고 하는 매우 복합적인 사회적 가치를 천명하고 나섰다. 미국에는 트럼프라는 낯선 인물이 대통령직이라는 막강한 리더십을 장악함으로써 새로운 고립주의와 적극적 패권주의, 그리고 전쟁패러다임의 강화와 상업적 이권주의를 표방하고 나섰다. 미국은 세계 리더로서의 모든 아이디알리즘을 포기하고 평범하고도 퇴행적인 국가주의에 전념함으로써 "보통나라"로서의 자기규정에 만족하고 쇠락의 길을 걸어갈 듯이 보인다.

우리는 트럼프의 통치가 빠른 시간 내에 결말을 맺고 미국이 본연의 이상주의를 회복하기를 염원하지만, 결국 밀리타리즘에 의존한 미국의 성세는 하향의 길을 걸어가지 아니 할 수 없을 것 같다. 이러한 미국의 모습과 더불어 새롭게 부상하는 중국의 세계영도력과 촛불혁명으로 각성되어가는 대한민국의 민중의 민주적 역량은 세계문명의 새로운 축New Axis을 만들어가고 있다. 우리는 이러한 기회에 서구적 가치의 허실을 정밀하게 형량하고, 우리의 주체적 역량을 강화하여, 인류보편의 새로운 가치관, 동서를 융합하여 초극한 새로운 우리 본위本位의 공동체정신을 확립할 필요가 있다.

국가의 근본은 교육에 있다. 철학도 크게 보자면 교육론 속에 포섭되는 것이다. 국가의 혁명은 궁극적으로 교육의 혁명에 종속되는 것이다. 학교는 사회적 기관이며, 공동체적 삶의 축소판이며, 형식이며, 사회진보와 사회개혁의 궁극적 방법이다. 교육은 인간의 사회적 삶과 진보의 기록이며, 문명의 자산을 형성하는 가치의 원천이다.

하기의 5편에 걸친 나의 "교육입국론"은 박근혜의 2012년 대선승리에도 불구하고, 다음해의 6월 지방선거에서 17명의 교육감 자리 중 13명의 자리를 진보성향의 교육감이 당선되는 쾌거를 기록했을 때, 그 에포칼한 사건을 기념하고 향도하기 위하여 나의 교육론을 『한겨레신문』에 연재했던 것이다. 나의 교육철학적 입장은 지금도 변함이 없으나, 다시 읽어보니 현금의 상황이 그때와는 다른 측면이 있고 또 나의 교육론도 보다 정밀하게 보완시켜야 할 필요가 있다는 것을 자각하게 되었다. 그때 내가 예언한 대로, 진보교육감들의 매진과 의식있는 서울시장의 합리적 정책과 사유가 인류사에 그 유례를 찾기 어려운 촛불혁명을 성숙시키고 가능케 했을지도 모른다. 요즈음 다가오는 제7회 지방선거를 앞두고 나의 교육론에 대한 새로운 평가와 관심이 일어나고 있어, 이 계기에 나의 교육신념을 새롭게 조직하여 천명하고자 한다.

우선 교육론을 피력하는 데 있어 보수와 진보라는 개념을 피치 못하게 사용할 수밖에 없으나, 원칙적으로 교육에 있어서는 진보와 보수는 결코 이원적 대립관계에만 있는 것은 아니다. 진보와 보수라는 개념은 그 자체가 이미 서구적 맥락에서 규정된 것이고 우리의 본래적인 교육적 가치를 표방하기에는 매우 부적합한 개념인 것이다. 서양교육사에서 "보수"라는 것은 예외없이 중세기적 종교전통과 관련되어 있으며, 그 이전의 희랍문명의 교육론조차도 전쟁과 종교라고 하는 두 가지 테마의 질곡을 벗어나지 못한다. 기실 서구의 모든 근대 자유주의적 교육이론은 한결같이 종교교육의 질곡으로부터 피교육 개체를 해방시킨다고 하는 혁명적 발상과 연관되어 있다. 그러나 우리 민족의 전통교육은 매우 하향적이고 독단적인 성격이 있는 것, 그리고 왕조의 신민을 길러내는 엘리트 선비교육의 특성이 있는 것을 부정하기는 어려우나, 근원적으로 종교교육religious education이 아니었다. 서구적 근대적 가치가 표방하는 모든 리버랄리즘의 심오한 인성론적 가치와 방법론을 포섭하는 매우 콘템포라리한 성격의 인문교육이었다. 따라서 교육철학의 심층으로 들어가면 서구적인 보수·진보의 대립개념은 전혀 우리의 현실에 들어맞지 않는다.

그리고 특히 진보적 교육개혁을 표방한 "전교조"활동과 관련하여, 전교조의 사람들이 적대시하는 "보수"라는 것은 대부분 일제─박정희 군사독재시절의 극단적인 군국주의 이념고취militaristic indoctrination의 망동과 관련되는 것으로, 그것은 물론 척결되어야만 하는 당위이긴 했지만, 그러한 시대적 부조리를 기준으로 하여 "진보"의 이념적 성향을 정립하는 것은 매우 피상적이고 부작용을 다시 생산하는 어리석은 행위일 수도 있다. 교육은 정치적 부조리가 생산한 이념을 초월하여 항상 인간의 본연으로 돌아가야 한다. 인간은 교육자나 피교육자나 모두 신God이요, 하늘Heaven이요, 땅Earth이다. 인간이 만든 일시적 이념적 왜곡에 인간이 종속될 수 없다. 모든 이념은 아무리 그 시대에 적합한 것일지라도 절대적일 수 없으며 생성Becoming의 연변演變에 귀속

되는 것이다. 이념은 끊임없이 변하는 것이며, 끊임없이 반추되어야만 하는 것이다. 따라서 보수와 진보도 역사에서 끊임없이 착종되는 연변의 장속에 있다.

그러나 나는 일단 방편적으로 나의 교육론을 보수와 진보라는 서구적 이념틀에 맞추어 해설하고, 거기서 파생되는 문제들을 오늘의 우리의 당면 문제들과 대조하면서 검토하고, 그 토대 위에서 나의 자신의 신념과 우리민족교육이 나아가야 할 방향을 제시하고자 한다. 서구의 교육이론의 역사를 검토하는데 있어서는 마르게트대학Marguette University(위스콘신 밀워키에 있는 제수이트대학)의 교육철학 교수 듀푸이스Adrian M. Dupuis(2008년 별세)의 논의로부터 많은 도움을 얻었다(참고문헌 26번).

1. 인간이란 무엇인가?

제일 먼저 우리는 "인간이란 무엇인가"하는 질문을 대면해야 한다. 인간관에 대한 보수주의자들의 입장은 이미 희랍의 피타고라스, 플라톤, 아리스토텔레스의 이론에서부터 확고하게 규정되어 있듯이, 인간을 정신soul, mind, spirit과 육체body라는 두 개의 별개의 실체의 연합체로서 규정한다. 그리고 이 양자의 관계는 예외없이 정신은 시간을 뛰어넘어 불멸하며 육체는 시간에 종속하여 멸망하는 것으로 본다.

그리고 정신은 이성적 사유의 주체이며 육체는 감관의 자리가 된다. 따라서 육체는 감관의 욕망에 이끌리어 저속한 본능과 열정에 탐닉하게 되고, 이를 억제하고 조절하는 역량은 정신이 담당하게 된다. 이러한 플라토니즘은 네오플라토니즘을 거쳐 기독교사상과 연합되고, 기독교사상은 역으로 헤브라이즘의 온갖 독선과 결합하게 되었다. 서구의 교육은 최근까지도(1960년대 초반까지만 해도 미국의 공립학교 커리큘럼에 바이블 리딩이 포함된 것은 당연한 일이었다) 이러한 종교교육의 굴레를 벗어나지 못했다. 따라서 어린이들은 아담과 이브가 신에게 반항하고 선악과를 따먹었듯이, 항상 잘못 행동하게 마련인 것으로 규정되었다.

따라서 항상 어른들이 어린이들의 행동을 체크하고, 그들을 대신하여 판단과 선택을 해주어야만 한다. 어린이들은 자연상태에서는 선량하며, 학교는 그들의 관심과 욕망을 만족시켜주어야 할 뿐이라는 룻소의 사상은 진실로 과격한 서구 근대사상의 출발이며, 그 정신은 최근까지도 제대로 구현되질 못했다.

이에 비하면 진보주의자들은 피교육체를 그러한 이원적 구조

속에서 바라보는 것을 거부한다. 심신이원론적 인간관 속에서는 당연히 정신이 육체에 비하여 가치론적 우위를 점하게 되므로 교육의 중점은 육체에 있지 않고 정신에 있게 된다. 정신을 교육한다는 것은 결국 이성을 함양시킨다는 것이며, 그것은 결국 수학이나 영어, 역사와 같은 연역적·귀납적 사유를 개발시키는 커리큘럼에 집중한다는 의미가 된다. 결국 심신이원론의 결론은 주지주의적 교육intellectualistic education이 되고 만다.

이에 비하여 진보주의자들은 심신이원론을 거부함으로써, 전인격을 교육의 관심으로 삼는 전인주의全人主義를 택하게 되고, 따라서 신체적 활동을 교육적 활동의 유기적 요소로 간주하게 된다. 체육교육이나 직업교육이 저급한 상태의 교육으로 절하되지 않는다. 스포츠, 사회적 역할체험, 클럽 활동, 공예, 집짓기, 점포일, 오토 매캐닉스 등도 커리큘럼의 가치있는 구성물로 등장한다. 보수주의자들은 학생의 정신nous을 개발하는 데 집중하는데 반하여 진보주의자들은 학생들의 사회적 적응이나 정서적 발달, 육체적 건강, 그리고 직업적 유능함과 같은 교육요소를 더 중시하게 된다.

보수주의자들이 정신의 발달에 매달리는 가장 중요한 이유는, 정신은 인간에게 있어서 불멸의 초자연적 요소이며, 따라서 불멸의 가치를 지니는 것이라고 믿었기 때문이었다. 이것은 희랍－로마－

기독교문명권에 공통된 견해였다. 그러나 진보주의자들은 인간의 정신을 인간을 초월하는 초자연적 실체로 보지 않는다. 정신은 초자연계the realm of the supernatural에 속하는 것이 아니라 인간존재 그 자체의 관계양상의 산물일 뿐이다. 학생은 신의 조정을 받는 운명체가 아니라, 자연의 산물일 뿐이다. 그리고 진보주의자들은 학생의 방정치 못한 행동들이 원죄의 덕택이 아니라, 자라난 환경의 덕분이라고 보기 때문에 그 환경을 개선시키는데 역점을 둔다.

　나는 말한다. 우리의 교육은 거룩한 성직자를 양성하기 위한 것도 아니요(서양 중세), 왕조의 지혜로운 신민을 기르기 위한 것도 아니요(조선왕조), 폴리스의 유능한 전사를 기르기 위한 것도 아니다(희랍 도시국가들). 오직 민주사회의 시민citizen을 교육하기 위한 것이다. 교육에 있어서 일체의 종교교육은 배제되어야 하며, 일체의 독단과 독선과 절대적 목적이나 수단은 개입되어서는 아니 된다. 그리고 정신과 육체는 몸Mom으로 통합되어 근원적으로 재인식되어야 한다. 인간은 호모 사피엔스homo sapiens가 아니라 호모 모미엔스homo momiens이다. 정신과 육체는 몸Mom을 바라보는 시각의 차이일 뿐이다. 따라서 몸Mom을 초월하는 일체의 초자연성은 거부된다. 인간의 교육에 있어서는 초자연자가 있을 수 없다. 인간의 몸이야말로 신God이요 우주Universe이며 생생지역生生之

易Creative Creativity이다. 신은 절대자가 아니라 생성자이며 자기 초월자이다. 신은 완전한 존재가 아니라 우리와 더불어 생성하는 "힘"이다.

한국의 래디칼한 진보주의자 중에는 피교육자의 완전성을 주장하는 자들이 있다. 피교육자는 기독교신학이 말하듯이 불완전한 죄인sinner이 아니라, 온전한 인격체라는 것이다. 선생이 학생을 바라보는 시각에 관하여 매우 중대한 민주적 인간관을 표방하고 있는 듯이 보이나, 이 결과 선생이 학생의 행동에 개입할 수 있는 일체의 선의가 차단되는 것이다. 따라서 학생이 수업시간에 잠을 자도, 그것은 완전한 개체의 행위이므로, 그 행위에 개입해서는 아니 된다는 것이다. 이러한 인간관이 현금의 우리나라 교육제도를 망치고, 학부모를 타락시키고, 교사들을 속수무책으로 결박시키고 있는 것이다.

나는 말한다. 교육에 있어서, 교육자와 피교육자의 관계에 있어서, 완전perfection과 불완전imperfection이라는 서구적 개념은 존재하지 않는다. 오직 미성숙immaturity과 성숙maturity이 있을 뿐이다. 학생이 온전한 인간이라는 말은 옳다! 그렇다고 그 학생의 부정행不正行이 온전한 것일 수는 없다. 교실에서 잠자고 떠드는 것은 타인에게 피해를 주는 반사회적, 반공동체윤리적인 좋지않은 행실이다. 학생은 온전한 인간이지만 완전한 인간은 아니다. 완전을 향한 도상적途上的 존재일 뿐이다.

인간은 몸Mom이다. 따라서 모든 정신적 교육과 육체적 교육이 동시에 동일한 가치로서 존중되어야 한다.

2. 우리는 어떻게 아는가?

이 질문은 교육에 있어서는 학습의 이론theories of learning을 어떻게 구성할 것인가 하는 문제와 연계되어 있다. 서양의 고전철학은 형이상학적 존재론에 중점을 두고 있어 인식론적인 문제에 관해서는 정교한 이론이 없었다. 그러나 앞서 말한 바 고전적 인간관을 전제로 생각해보면, 이성적 인식을 감관적 인식보다 우위에 놓았다는 것은 더 말할 나위가 없다. 인간은 당연히 감관을 통하여 얻어지는 지식을 통하여 자신의 세계를 구성한다. 그러나 보수주의자들은 교육이란 그러한 감관적 지식을 초월하여 정신의 이성적 기능을 활용할 줄 아는 능력에 도달케 하는 것이라 믿었다. 그러한 능력의 획득이야말로 아리스토텔레스가 말한 "이성적 인간 rational man"의 인간다움을 달성하는 것이라고 본다. 선생은 학생으로 하여금 감관경험의 세계를 초월하여 이성의 능력을 활용하는 일반원리general principles의 지식에 도달하게 만드는 것이다.

보수주의자들의 교육도 우선은 이러한 일반원리에 도달하기 전에 사실의 인지에 중점을 둔다. 따라서 일반원리를 추상해내기 전에 필요한 일련의 사실의 체계들을 학생이 마스터하도록 만드는 것이다. 그래서 보수주의자들의 교육에는 다양한 사실들의 체계적 암기가 치열한 과정을 형성한다. 그리고 다음 단계로서 이러한 사실의 체계를 떠나 고도의 추상으로 진입한다. 감각적 경험의 세계를 떠나, 문학, 수학, 역사, 철학의 분야에 있어서 위대한 정신들이 쌓아올린 공든 탑의 작품 속에서 발견되는 관념의 세계 속으로 진입한다. 그러므로 보수주의자들의 교육은 고도의 문학성과 고도의 추상성에 아필하려고 애쓰지만, 그 모든 교육의 내용은 피교육자의 구체적 현실의 세계로부터 아주 멀리 떨어져 있다.

보수주의자들은 앎에 있어서 이성의 역할을 강조하는데 반하여, 진보주의자들은 경험과 과학에 그들의 신뢰를 둔다. 최근 몇 세기의 과학의 진보는 인간의 가장 확실한 앎의 양식은 경험과 과학적 활동에 내재하는 실험의 고도화된 형식에 기초한다는 것을 확인시켜 주었다. 그러니까 앎의 경험적 양식의 결과는 인간이 그의 존속을 위하여 필요한 모든 지식을 제공하여 주었다는 것이다. 그러므로 현상적 사물의 세계를 넘어서는 어떠한 형이상학적 실체도 추구할 필요가 없으며, 실재reality의 궁극적 원리에 관한 이성주의적 공식화는 아무런 소용이 없다는 것이다. 자유주의적 인식론은 추상적 추리의 독점적 역할을 거부하고 경험에 더 큰 중점을 둔다. 이러한 인식론은 교수와 학습의 방법론에 있어서 매우 래디칼한 변화를 초래한다. 교사, 교재, 학교환경, 교과정, 그리고 학생의 역할이 근원적으로 수정되어야 한다. 교육은 이 새로운 인식론에 적응해야 한다. 진보주의자들은 인식에 있어서 귀납적 방법을 강조한다. 문제를 푸는 방식이 학생 자신의 체험에 근거하고 있어야 하며, 학생들은 그들 스스로의 결론에 도달할 것을 권유받는다. 미래의 경험에 적용될 수 있는 어떠한 일반화도 현재의 구체적 문제를 해결하는 것으로부터 나아가야 한다. 이에 비하면 보수주의자들은 아직도 연역과 필연과 일반원리를 마스터할 것을 강조한다. 그러한 원리를 마스터함으로써 구체적인 문제를 쉽게 해결할 수 있고, 또 필연적 귀결을 유도할 수 있다고 믿는 것이다.

나는 말한다. 인간의 인식은 감성과 이성의 종합에서 달성되는 것이며, 사실과 원리의 융합, 구체와 추상의 통합, 귀납과 연역의 동시적 적용에서 그 포괄적 성격을 완성하는 것이다. 보수와 진보의 인식론은 학습의 양면이지 대립적 분립이 될 수 없다.

3. 진리란 무엇인가?

　보수주의자들에게 진리는 항상 절대적인 문건처럼 그들의 진로 앞에 드리워져 있다. 그래서 그들은 그 영원불변한 진리를 따라가고 구현하기만 하면 된다고 생각하는 것이다. 그것은 마치 태극기 부대들 앞에 태극기가 드리워져 있는 것과도 같다. 그들에게 박근혜는 절대불변의 성군이며, 한강의 기적을 일군 절대불변의 성군 박정희의 딸이다. 박근혜가 국가통치권을 국민으로부터 위임받은 대통령임에도 불구하고 로마노프 왕조를 붕괴로 몰아간 요승 라스푸틴에나 비교할 수 있는 최순실과 얼마나 수없이 치졸한 짓을 많이 했는지, 박정희가 왜 그토록 수많은, 인혁당이나 재일교포유학생과 같은 무고한 애국시민들을 죽이고 가두고 사법살인을 자행하면서 유신체제를 정당화하고, 결국 자기를 진정 사랑하는 친구의 총탄을 맞고 유명을 달리해야만 했는지, 이런 명백한 역사적 사실에 대한 인지는 전무하다. 태극기부대의 진리관을 전 국민의 교육의 지침으로 삼는다면 이 나라는 곧 암흑기로 들어갈 것이다.

　나는 어느 추운 날 동숭동 대학로거리에서 열심히 태극기를 흔들고 있는 60대 중반의 그래도 방정하게 보이는 여인에게 질문을 던져보았다.

"보아하니 돈을 받고 나온 사람 같지는 않은데, 도대체 무엇 때문에 이 추운 날씨에 태극기를 흔들고 소리를 외치고 있소?"

"교회에서 목사설교 듣고 앉아있는 것보다는 이게 더 재미있소. 역사에 참여한다는 느낌도 있고, 내가 주체적으로 세상을 바꿀 수 있다는 희망도 있고, 하여튼 한번 나와서 고생스럽지만 힘차게 외치고 나면 가슴이 뿌듯하고 스트레스가 풀려요."

정신적으로 묘하게 소외된 사람들에게 "박근혜종교"가 먹혀들어가고 있는 것이다. 물론 소수의 현상에 불과하지만 우리가 "종교심리"라고 규정할 수 있는 사회적 현상은 곳곳에 온갖 행태로 만연되어 있다. 예수는 하나님의 독생자로서 처녀에게 잉태되어 이 세상에 강림하셨고, 우리 인간의 모든 죄를 대속하여 십자가에 못 박히셨고, 죽은지 사흘만에 무덤을 박차고 나와 부활하셨다. 그리고 얼마 있다가 하늘로 승천하셨고 우리의 죄를 심판하기 위해 재림하실 것이다. 그러므로 이러한 예수를 믿으면 구원을 얻을 것이요, 믿지 않으면 구원을 얻지 못하고 지옥의 유황불길에 떨어지고 말 것이다.

전혀 경험적으로 확인될 수 없는, 전혀 우리와는 무관했던 서구 문명의 한 지역에서 2천 년 전에 어떻게 조립된 스토리가 오늘 우리 사회의 일상적 진리로서 강요되고 전도되고 있다면 진실로 인간의 우매함을 개탄할 수밖에 없다. 종교적 명제는 그러한 픽션을 유의미하게 받아들이는 사람들 사이에서 신앙의 대상으로 신봉될 수는 있지만, 그것이 경험적 사실과 똑같은 사실로서 강요된다는 것은 근원적으로 무리한 것이다. 바로 종교교육이란 도저히 믿을 수 없는 것을 믿게 만드는, 도저히 사실일 수 없는 것을 사실로서 받아들이게 만드는 세뇌과정이다. 이 세뇌과정은 끊임없는 반복을 통하여 그 독트린doctrine을 주입시키는 것이다. 앞서 말한 바대로, 이러한 인독트리네이션indoctrination은 우리의 이른바 상식적인 "주입식교육"과는 전혀 다른 차원의 것이다. 예수의 탄생, 죽음, 부활, 재림의 비사실적 허구를 사실로 믿게 만드는 교육철학이 서구 보수교육의 2천 년의 역사였다. 그러한 전제와 더불어 온갖 존재론과 실재론과 형이상학이 난무하였고, 연역적 가설이 권위를 지녔다. 그러나 우리에게는 그러한 무리한 비경험적인, 비사실적인 교육의 전제가 없었다. "주입식교육"이란 "인독트리네이션"이 아니라 사회생활에 필요한 기초공통교양의 언어를 보다 효율적으로 전달하는 방법론에 관한 논의였을 뿐이다.

"암기"도 일방적으로 강요된 무지막지한 것이 아니었다. 그것은 소독素讀(생각없이 읽는 것)의 형식이었을 뿐이다. 어릴 때 외워두면 잊어버리지 않을 뿐 아니라, 소가 먹은 것을 되새김질 하듯이 평생동안 되새기면서 생각하고 또 생각하게 되는 것이다. 그러다가 어느 순간에 깨달음이 오는 것이다. 이것 또한 종교교육과 뭐가 다르냐고 반문하겠지만, 『사서四書』의 내용은 종교와 무관한 삶의 예지에 관한 것이다. 그리고 모든 명제가 실생활에 유용한 의미를 지니는 것이었다. 비합리적인 요소가 없었으며 경험과 상식에 위배되는 무리한 내용이 없었다. 그리고 피교육자의 신념적 선택의 자유가 보장되는 교양이었을 뿐이다. 암기내용은 사회질서의 문법이었으며 교양있는 생활의 어휘였다.

서구에서 보수주의자들의 진리관은 대체로 이성적 진리관의 특징을 지닌다. 종교와 이성이 대립되는 듯이 보이지만, 실상 플라톤 이래 이성을 초자연적 디멘션에 뿌리를 둔 것으로 보는 한에 있어서는 결국 종교의 성립근거도 이성의 장난에 속한다. 예수가 하나님의 아들이며 죽었다 살아났다는 사실은 역사의 지평에서 일어난 경험적 사실로서 입증될 길은 없다. 다시 말해서 경험적 진리관을 가진 교육자에게는 그러한 황당무계한 비경험적 사태는 교육의 콘텐츠가 될 수가 없다. 경험할 수 있는 우주의 온갖 관계양상만 가지고도 온갖 신비롭고 심오한 교육콘텐츠를 개발할 수 있거늘, 어찌하여 그 따위 엉터리 논리를 어린 생령에게 강요한단 말인가!

　그러나 플라톤에게서부터 경험의 진리는 저열한 삶의 양식
이며, 인간이 인간다워지기 위해서는 이성의 진리를 연마해야
한다고 못 박았던 것이다. 그래서 수학을 모델로 한 지적 연마
intellectual training야말로 이데아적 지혜로 가는 유일한 통로였
다. 그래서 그의 아카데미아의 문미門楣에 "기하학을 모르는 자
는 이 문을 들어서지 말지어다"라는 경구가 쓰여져 있었다 하고,
그의 교육 커리큘럼에는 감상적인 음악이나 실재의 모방의 모방
에 지나지 않는 연극이 배제되었다. 우리는 수학이 모든 합리주의
rationalism의 근원인 것처럼 생각하지만 그것은 착각에 지나지 않
는다. 오늘날 우리나라에도 수학적인 마인드를 지닌 사람들이 합
리적이기는 커녕, 대체로 미스틱에 가까운 광적인 영감에 사로잡
힌 미치광이들이 많다. 수학을 하는 인간의 능력을 서양철학사에
는 "라티오*ratio*"(reckoning, numbering, calculation, computation)
라 불렀고 그것이 결국 "이성reason"이라는 단어가 되었는데, 문
제는 이 이성을 몸Mom의 자연적 현상으로 보지 않고 특수한 신
비한 초자연적 능력으로 보았다는 데 있다. 그것이 바로 데카르트
의 "이성"이 결국 헤겔의 절대정신Absolute Geist으로 신비화되
어가는 소이연도 바로 여기에 있다. 그것은 피타고라스의 신비주
의로부터 면면히 내려오는 서양의 전통이다. 수학은 단순히 토톨

로지의 세계이며 그것은 인간 사유의 방법이며, 세계의 양적 추상, 논리적 추론에 관한 것이지, 수학적 사실이나 엔티티가 실재하는 것은 아니다.

하여튼 교육이론에 있어서는, 보수주의자들은 오직 이성적 훈련만이 지혜를 획득하는 첩경이라 생각했으며 경험적 습득을 중시하는 직업적 훈련을 천시하는 경향을 지녔다. 우리나라에서도 지성인이 된다고 하는 것은 이성의 연마가 탁월하다는 뜻이다. 보수주의자들은 모든 진리는 수학적 진리와 같이 절대적이고 변화하지 않는 것이라고 생각했으며, 학교교육의 기능을 그러한 절대불변의 숭고한 진리의 전승이라고 규정했다. 그러나 인류교육역사의 사실은 그러한 불변성을 거부한다. 교육에 있어서 불변의 진리는 존재하지 않는다.

진보주의자들은 대체로 진리를 태극기부대 앞에 놓여진 태극기처럼 생각하지 않는다. 진리는 우리가 배워야 할 절대적인 실체로서 우리 앞에 엄존하는 불변의 그 무엇이 아니라 우리가 살면서 만들어야 할 역동적이고 상대적인, 끊임없이 변화하는 생성체이다. 변화하지 않는 것은 아무 것도 없다. 따라서 학생은 언제나 참인 이론이나 법칙이나 원리나 사실이 엄존한다는 환상 속에서 그것을 습득해야만 한다는 부담감 속에서 노력할 필요가 없다. 매일

매일의 삶 속에서 앎을 추구하는 그 과정은 단지 잠정적인 결론 tentative conclusions에 이를 뿐이다. 지나간 세대에 의하여 성스럽게 신봉된 모든 진리를 회의할 수 있어야 하며, 오직 회의와 불확실성만이 경험과 추론에 의하여 도달된 결론의 표어가 될 뿐이다.

모든 진리는 상대적인 한에 있어서만 유용하다. 절대적임을 주장하는 모든 진리는 썩은 진리이며 쓸모가 없는 도그마에 불과한 것이다. 진리의 상대적인 비젼만이 우리가 체험하는 물리적 우주와 사회적 세계의 모든 현실적인 사태와 조화를 이룰 수 있다. 물리과학과 사회과학의 모든 역사는 한 시대의 진리가 다른 한 시대에 있어서는 신화에 불과하다는 것을 끊임없이 논증하여 왔다. 진리의 상대성은 세계가 끊임없이 생성하고 있는 사실에 연유할 뿐만 아니라 인간의 인식의 체계(=에피스팀*episteme*)가 끊임없이 변한다는 사실에도 연유하는 것이다.

따라서 교육은 학생들이 진리 그 자체에 대하여 다양한 견해를 발전시킬 수 있도록 만드는 책무를 지니고 있다. 물론 보수적 교육자들은 학생들에게 절대적이고 확실한 진리를 가르치려는 성향을 지닐 것이고, 진보적 교육자들은 상대적이고 불확실한 진리 속에 보다 근원적이고도 역동적인 진리가 숨어있음을 가르치려고 노력할 것이다.

그러나 모든 결론은 문제상황에 대한 잠정적 해결일 뿐이며 의문에 대한 절대적인 해답이 아니다. 회의적인 태도는 과학적 진리에만 적용되는 것이 아니라, 종교, 윤리, 정치, 미학의 대부분의 사랑받는 신념들에 대하여서도 적용되어야 마땅하다.

우리나라의 교육적 진보주의자들의 문제점은 그들의 낡아빠진 정치적 성향 때문에, 그들의 주장에 대하여 회의나 타협이나 상대적 가치의 한계성이나 수정의 가능성을 거부한다는 데 있다. 개인의 이념적 편향성을 교육의 보편성으로 둔갑시키는 억지춘향이 진보를 자처하는 세력의 지행知行에 내재하고 있다고 말할 수 있다. 진보가 또 하나의 도그마일 수는 없는 것이다.

진보적 학교의 성실한 입장은, 특정한 토픽에 대하여 모든 가능한 다양한 견해를 제시하는데 있어서 교사의 자유를 최대한 보장하는 것이며, 교재의 사용에 있어서 일체의 검열을 거부하는 것이다. 따라서 학생들로 하여금 인간으로서의 모든 관심분야에서 제기되는 문제와 의문에 관하여 스스로 해답과 해결을 발견하도록 권유하는 것이다.

나는 말한다. 진리관에 있어서 보수와 진보의 타협은 있을 수 없다. 진보적 입장만이 진리의 참된 정도라 말할 수 있다. 절대적이고 불변하는 영원의 진리는 인간과 우주 어느 곳에도 부재하다. 존재Being의 세계에는 진리는 없다. 오직 생성Becoming의 세계에만 진리가 존存한다. 교육은 모험Adventure이다. 모험은 절대불변의 세계에는 있을 수 없다. 모험이 없으면 교육은 재미를 상실한다. 긴장감 있는 학습의 동기를 부여할 수 없다. 우리 동방인의 세계관은 역易의 우주이다. 역易은 변화며 생성이며 끊임없는 창조이며, 창조적인 창조Creative Creativity의 역동적 과정이다. 모든 진리는 역易의 모험과 결합될 때만이 그 생명성을 유지할 수 있다.

나는 말한다. 교육자는 개인적으로 종교적 신앙을 가질 수 있다 해도, 교육에 있어서는 종교적 신앙이나 일체의 도그마로부터 벗어나 있어야 한다. 우리 국가는 국민을 교육시키는데 있어서 교사에게 그러한 도그마의 전제를 부과하지 않는다. 그것은 대한민국 교사들의 홍복鴻福이며, 유교적 전통 안에서만 가능한 것이다. 서양이나 중동에서는 종교적 대전제가 교사를 지배하는 것이 다반사이며, 중국 같은 나라도 중국공산당 이념에 대한 순응이 절대적인 조건으로서 전제되어 있다. 이러한 경우 교육은 필연적으로 형식화되고, 진정한 바이탤리티를 상실한다.

나의 입론은 어디까지나 "교육입국론"이다. 여기서 "국"이란 대한민국이다. 교육에 있어서 보편적 교육Universal Education이라는 것은 넌센스이다. 현대교육은 국가단위로 이루어지는 것이며, 그 상대적 특성에 따라 다르게 입론되어야 한다. 이 세계인민을 동일하게 교육시킨다는 것은 인류문명을 매우 초라하게 만드는 획일화의 죄악이다. 국민교육은 한 나라의 사회적 과정이며 그 국가의 고유한 가치의 생성과 궤를 같이 하는 것이다. 그러한 상대적 입론 내면에서 우리는 보편적 성향을 읽어낼 수 있을 뿐이다. 우리의 교육이론은 대한민국을 바르게 만드는 시대적 소명일 뿐이다. 대한민국의 교육은 전 세계에서 가장 유리한 모든 개방적 조건을 구비하고 있다고 나는 믿는다.

4. 선善이란 무엇인가?

교육에 있어서 선善의 문제는 윤리적 가치의 문제에 관한 총체적 담론이며 서구적 교육론의 핵심이라고도 말할 수 있다. 보수주의자들은 불변의 진리를 파악하는 이성의 능력, 그리고 한 세트의 영원한 가치를 결정하는 이성의 활용을 피교육자의 지고의 목표라고 생각하기 때문에 이러한 지선의 가치에 반하는 모든 것은 악惡evil, wrong으로 전락하고 만다. 그러니까 교육이란 선과 악, 미美와 추醜를 가르치는 것이다.

그들의 머릿속에 이미 형성된 기존의 관념에 의하여 학생들이 악을 피하고 선을 행하며, 추한 것을 피하고 아름다운 것을 선택하도록 만드는 것이다. 이러한 가치관은 비단 학교라는 기관에서뿐만 아니라, 가정, 교회, 국가사회 전반에 걸쳐 동일한 규범원리에 의하여 피교육자가 선하고 아름다운 삶을 살도록 만드는데 동원된다. 그리고 이러한 규범적 강요는 매우 엄격한 분위기에서 진행된다.

선과 악이라는 것은 피교육자의 익스프레싱expressing, 즉 내면으로부터 우러나오는 표현의 원리가 아니라, 임프레싱impressing, 다시 말해서 도장을 찍듯 찍어누르는 자외적自外的 강요의 논리가 되고 만다. 모든 종교교육의 원리가 바로 그러한 임프레싱의 방법에 기초하고 있다. 이것은 플라톤이나 아리스토텔레스식의 교육전통이 지성intellect, reason, *nous*의 우위를 강조하면서 윤리적, 심미적 가치가 이성에 내재한다는 편견을 확고부동한 진리로 만들었고, 따라서 피교육자는 즉각적으로 윤리적 가치의 제일원리를 파악해야만 한다고 상정한다. 인간이 자신의 이성적 능력을 활용하여 악과 선, 미와 추를 분별하는 것이야말로 인간됨의 제1의 덕성이요 의무라는 것이다. 정직이나 정의와 같은 윤리적 원칙의 보편성은 곧바로 그러한 가치의 절대적 성격과 기원을 확보하게 되는 것이다.

아리스토텔레스의 전통에서 이성이라는 것은 인간이 악을 피하고 선을 행하며, 심미적 판단을 내릴 수 있는 자연법적 원리를 발견하는 수단으로서 규정된다. 그러한 이성적 원리는 통합성, 명료성, 균형성, 조화성과 같은 찬란한 가치에 근거하고 있다. 플라톤과 아리스토텔레스의 철학에서는 모두 이성이 가치판단의 주도적 역할을 담당하는데, 이러한 철학적 입장이 결국 모든 보수적 가치관을 지배하였고, 중세 종교교육의 기본적 이론틀을 형성한 것이다.

현재까지도 모든 보수주의자들의 관념 속에는 상대적 가치의 유용성은 도무지 존재할 길이 없다. 서구의 학교교육의 역사는 암암리에 모든 가치를 절대적인 것으로만 취급하여 온 것이다. 가치가 상대적이든 절대적이든지를 불문하고, 학교는 학생들이 모든 가치를 절대적이고 종국적인 것인 양 생각할 수밖에 없도록 모든 분위기를 꾸며왔다. 복장이나 교실에서의 행동거지, 그리고 점수기준 같은 것이 학생이나 교사들 모두에게 절대적인 것으로 취급되어 온 것이다. 이러한 현실이 모든 보수교육의 현장을 지배했다. 이성의 근원이 초자연적 차원에 뿌리박고 있는 한, 모든 가치는 결국 인간의 마음이나 우주 밖에 있는 초자연적 힘, 다시 말해서 절대자나 하나님이나 최고선과 같은 존재자로부터 유래된다. 따라서 인간의 모든 행위는 그 존재자에 대한 책임관계로서 규정될 뿐이다.

이에 비하면 진보주의자들의 가치관the liberal view of value은 가치의 영역에 있어서 절대성absoluteness이나 궁극성finality을 인정하지 않는다. 사람의 마음속이나 우주의 그 어느 자리에도 "가치"라는 "객관적 존재"가 있을 수 없다. 모든 가치는 사람의 일상적 행위 속에 내재하는 것이며 인간과 인간의 관계에서 생겨나는 것이다. 이러한 관계의 프로세스가 없다면 가치라는 것은 근원적으로 존립할 수가 없다. 가치의 존재는 사회적 맥락에서 발생하는 사건들events에 종속되는 것이다. 물리적 우주든, 사회적 세계이든 모두가 "변화Change=역易"에 의하여 특징 지워지는 것이므로 가치의 영역 또한 끊임없는 변화, 역易에 종속된다. 물리적·사회적 영역에 대한 인간의 인식체계가 변화함에 따라 가치 또한 변화한다. 따라서 모든 가치는 변하는 시대와 새로 등장하는 인성의 요구에 맞도록 재구성되어야만 하는 것이다.

이러한 가치의 상대적 견해가 모든 변화가 빠르고 획일적으로 진행된다는 것을 주장하는 것은 아니다. 변화는 서서히 일어날 수도 있으며, 보이지 않을 수도 있으며, 가치의 안정성을 보장할 수도 있다. 단지 어떠한 소중한 가치라 할지라도 절대불변의 영원성은 한낱 신화일 뿐이라는 것이다. 변화는 지속을 보장하지만 영원을 담보하지는 않는다. 따라서 진보주의자들은 인성밖에 가치의 샘물이 있다는 것을 인정하지 않는다. 가치는 생득적innate인 것도 아니며, 객관적 코드 속에 포함되어 있는 것도 아니다. 사건의 일상적 전개야말로 가치창조의 원천이다. 따라서 모든 가치는 하나님이 주시는 것이 아니라 인간사회가 만들어가는 것이다. 모든 가치는 사람이 타자와의 관계에서 생겨나는 문제를 해결하는 데 근원한다. 새로운 문제가 생기면 새로운 해결방식이 생겨난다. 이 새로운 해결방식은 새로운 가치를 형성하고 낡은 가치를 대신한다. 가치는 끊임없이 인간의 현금의 요구와 욕구를 반영하는 것이다. 모든 가치판단은 경험의 테스트를 거쳐야 한다. 그 가치의 수용성을 결정하는 권위는 인간경험 이외로는 존재할 수 없다. 결국 교육에 있어서 지식의 획득과 가치의 획득은 궤를 같이하는 것이다.

나는 말한다. 상기의 가치론에 대한 우리의 평가는 보수적 입장을 지지할 수 있는 아무런 근거도 발견할 수 없다. 그러나 선·악의 문제에 관한 서구인들의 견해는 보수·진보를 막론하고 근원적으로 유치한 발상에 근거하고 있다는 안타까운 입장을 토로하지 않을 수 없다.

우리 동방인의 사유체계에서는 근원적으로 "선善"이라는 명사적 가치체계가 존재하지 않는다. 명사로서의 선善, 다시 말해서 독자적인 실체Substance로서의 선善Goodness은 오로지 악惡Evil 이라는 실체를 전제로 한 것이다. 서양의 악惡은 윤리적 차원을 넘어서 종교적 차원의 죄罪Sin라는 개념과 관련된다. 죄는 인간본성의 근원적 사악함wickedness을 지칭하며, 그것은 반드시 인간의 구원redemption을 전제로 한다. 인간을 구원의 대상으로 바라보는 종교적 전통에서만 가능한 개념이다. 그러나 동방인 세계관 속에서 인간은 천天과 지地와 대등한 삼재三才의 일자로서 존엄한 위치를 지니며, 신의 구원을 기다리는 존재가 아니다. 따라서 근원적인 원죄Original Sin 개념이 성립할 수 없다. 민담에서도 나쁜 귀신은 있을 수 있으나 "악마"는 존재하지 않는다. 악이 실체화되지 않는 것이다.

그렇다면 "선善"이란 무엇인가? 그것은 서양인의 굳니스 Goodness가 아니다. "선善"은 기본적으로 "착할 선" "좋을 선" 으로 훈 되듯이, 그것은 "좋다" "착하다"는 형용사일 뿐이다. 그것은 명사적 실체개념으로 쓰이지 않는다. 『논어』에 나오는 "선善"의 용례를 보아도, 그것은 대부분 "잘"이라는 부사적 용례이거나, "잘한다" "능력이 있다"는 뜻을 내포한다. 그 상황상황에서 일을 잘 처리한다든가, "노래를 잘 부른다"든가 "정치를 잘 한다"는 뜻이다. "착하다" "좋다" "잘 한다"는 의미의 선은 인간의 일상적 행위의 관계양상에서 일어나는 덕성, 그리고 그 탁월함excellence과 관계되어 있다. 가장 중요한 언어적 사태는 이러한 선善의 반대되는 개념이 악惡이 될 수 없다는 사실에 있다. 동방인의 언어에는 "악惡"이 존재하지 않는다. "악惡"은 "오wu"로 읽어야 하며, 그것은 "선善"과 상대되는 개념이 아니라, "미美"와 상대된다. "오"는 "미울 오" "추할 오"이다. 순자는 "성악性惡"을 말한 적이 없다. 인간의 본성을 악으로 규정한 사상가가 아니다. 단지 인간이 왜 혐오스러운 행동을 하는가, 아름답지 못한 행동을 하는 것에 대한 보정을 생각했을 뿐이다. 순자의 "성악性惡"은 반드시 "성오"로 읽어야 한다.

『노자』 2장에 누구나 아는 구절에 이런 말이 있다: "천하개지미지위미天下皆知美之爲美, 사오이斯惡已; 개지선지위선皆知善之爲善, 사불선이斯不善已." 그런데 재미있는 사실은 "미美"의 상대적 짝이 "오惡"로 되어있고, "선善"의 상대적 짝은 "불선不善"으로 되어있다. 「술이」편에서 공자가 "세 사람만 길을 가도 반드시 그 속에 내 스승이 있다"고 말할 때, "선자善者"의 반대는 "불선자不善者"로 되어있다. 선인과 악인의 구별은 없으며 오직 선인과 불선인의 구별만 있다. 다시 말해서 악인이 실체화되지 않는 것이다.

천사도 없고 악마도 없다. 선善과 불선不善은 "좋다" "좋지 않다"의 뜻이며, 좋지 않은 상태는 좋은 상태로 회귀가 가능하다. 선이나 불선이나 모두 긍정적 가치이다. 선이 실체가 아니기 때문에 실체로서의 악이 있을 수 없으며, 오직 "선하지 못하다"는 규정만 있을 수 있다. 그래서 노자는 세상사람들이 알고 있는 선은 곧바로 불선不善일 수도 있다고 선포하는 것이다. 그것은 아름다움이 곧바로 추함일 수도 있다는 선포와 동일한 맥락을 지닌다. 사람 얼굴이 추하다고 해서 악한 것은 아니다. 추함은 그 나름대로 아름다움과 동일한 차원의 긍정적 가치를 지닌다. 그래서 노자는 "세상사람들이 모두 아름다움을 아름다움으로만 알고 있는데, 그것은 실상 추함이다"라고 말한 것이다.

이 아름다움과 추함의 상대성, 호환성, 일체성, 융합성에 대하여 노자는 곧바로 좋음과 좋지 않음 즉 선善과 불선不善을 말하는데 여기에서 노자는 윤리적 가치는 궁극적으로 심미적 가치에 종속된다는 것을 말하고 있는 것이다. 선ー불선은 결국 미ー오로 환원될 수 있다는 것이다. 좋음은 아름다움이요, 좋지 않음은 결국 추함이다. 미ー오에 대하여 구태여 선ー불선을 따로 말하지 않아도 인간세의 가치문제는 해결될 수가 있다.

교육의 세계에 있어서 선생이 학생을 선악의 개념으로 바라본다는 것처럼 흉포한 악덕은 없다. 학생을 선인과 악인으로 나눈다는 것 자체가, 선생의 사악한 인식체계를 반영하는 것이다. 학생에게는 좋지 못한 행동이 있을 뿐이며, 그것은 결국 아름답지 못한 행동일 뿐이다. 그것은 계도의 가능성을 내포하는 것이며 바르게 인도하면 좋은 행동, 아름다운 행동으로 회귀될 수 있는 것이다.

왕필王弼, AD 226~249은 미・오에 대하여 다음과 같은 주석을 달았다: "아름답다고 하는 것은 사람의 마음이 나아가 즐기는 바의 것이다. 추하다고 하는 것은 사람의 마음이 혐오하고 싫어하는 것이다. 미추라는 것은 결국 희노와 같은 것이다.美者, 人心之所進樂也; 惡者, 人心之所惡疾也。 美惡, 猶喜怒也。"

나는 말한다. 인간의 교육이란 궁극적으로 선・악을 가르치는 것을 목적으로 하지 않는다. 결국 인간의 마음의 진락進樂과 오질惡疾을 가르치는 것이다. 무엇을 즐거워하고 무엇을 싫어해야 할지를 가르치는 것이다. 나는 다음과 같은 화이트헤드의 교육론 첫 구절의 말을 의미심장하게 생각한다: "문화라는 것은 사유의 활동인 동시에 아름다움과 인간적 느낌에 대한 민감성을 의미하는 것이다.Culture is activity of thought, and receptiveness to beauty and human feeling."

나는 말한다. 교육의 목표는 인간에게 선악을 가르치려는 것이 아니라, 인간 그 자체를 아름답게 만드는 것이다.

5. 학교의 목적이 무엇인가?

이 단락에서는 교육이라는 추상적 주제의 목적을 말하는 것이 아니라 학교라는 구체적 기관의 목적을 말하려 하는 것이다. 전술하였듯이 보수적 성향의 철학자들은 인간의 이성을 인간을 타 동물과 구분 짓는 유일한 종차種差라고 생각하였기 때문에, 이성의 진리나 지적 명상의 장점들을 당연히 수공의 기능의 탁월함을 뛰어넘는 것으로 파악하였다. 그러므로 학교라는 제도의 존립의 이유는 어디까지나 지성주의적인 것이었다. 기도하고, 재봉하고, 요리하고, 농사짓는 일들은 학교 외의 기관에서도 충분히 가르칠 수 있다고 생각하였다.

보수주의자들은 이성적이고 조직적인 방식의 지식의 습득은 특별한 것이며 가정에서나 장인도제관계에서는 제공될 수 없다고 생각하였다. 그래서 이러한 사명을 달성하기 위해서는 특별한 교육기관이 필요하다고 생각하였다. 고대로부터 서양에서는 학교야말로 특정한 주제나 지식의 체계적 훈련을 통하여 학생의 이성적 능력을 개발시키는데 적합한 기관이라고 생각하였다. 이성의 능력의 개발 이외의 교육주제는 이성능력 개발이라는 일차적 목표에 다 부수되는 것으로 생각하였다. 플라톤의 아카데미에서 가장 중시한 것은 수학, 기하학, 변증론dialectics, 자연과학과 같은 것이었고, 정치가가 되는데 필요한 기술, 주로 웅변술과 같은 것이었다. 이것은 명백하게 이성주의적 특징이 강하게 나타나는데, 중국의 고대교육의 특질과는 매우 대비되는 것이다.

『맹자』의 「등문공」(3a-3)에 보면, "하나라에는 교校가 있었고, 은나라에는 서序가 있었고, 주나라에는 상庠이 있었다. 그런데 학學은 하·은·주 삼대가 공유한 것이다. 이 기관들의 소이연은 결국 인륜人倫을 밝히기 위한 것이다.夏曰校, 殷曰序, 周曰庠, 學則三代共之: 皆所以明人倫也。"라는 말이 있는데, 주자의 설에 의하면, 교校, 서序, 상庠은 서민교육을 담당한 소학小學으로서 지방의 학교들이고, 학學이라는 것은 국학國學으로서 고등교육기관인 대학大學에 해당되는 것이라고 한다. 시대에 따라 교·서·상은 다른 이름으로 변천했지만 국학으로서의 학學은 삼대에 공통된 고등교육기관이었다는 것이다.

이런 것을 보면 중국에는 고대로부터 교육제도가 훨씬 더 민간 레벨에 널리 퍼져있었던 것으로 사료되나 그 소이연이 "인륜을 밝히기 위한 것所以明人倫也"이라고 한 것은 교육커리큘럼의 내용이 초월주의적 이성을 개발하기 위한 것이라기 보다는, 인간다운 품성品性을 도야하기 위한 것이었다는 것을 추론할 수가 있다. 성정性情을 도야하는 그 커리큘럼의 핵심적 주제는 인간의 이성을 개발하는데 있었던 것이 아니라, "예禮"라는 한 글자에 집중되어 있었다. 예는 삼례三禮를 말하는 것이고 삼례란 천신天神에 대한 제사(일, 월, 풍風, 뢰雷), 지기地祇에 대한 제사(산, 천, 초, 목), 인귀人鬼에 대한 제사(조종祖宗)를 포섭하는 것이다. "예禮"라는 것은 "시示"와 "례豊"의 합성인데, "시"는 신이 강림하는 모습을 나타낸 것이고, "례"은 제사 때에 쓰는 제기의 모습, 혹은 바치는 공품供品, 혹은 제의祭儀에 쓰는 술(醴酒)을 의미한다. 그러니까 동방인의 교육이라고 하는 것은 생활 속의 제의 속에서 얻어지는 질서감, 수기치인修己治人의 도와 관련 있는 것으로, 소위 "예교禮敎"라는 개념 속에 포섭되는 것이었다. 우리 동방에서는 마음의 훈련과 몸의 단련을 항상 동일한 차원의 훈육으로 생각했다(육예六藝: 예禮·악樂·사射·어御·서書·수數. 사어는 신체적 훈련인데, 예악이나 서수와 동일한 자격을 지닌다). 플라톤도 학생들의 신체적 교육을 강조했지만, 그것은 신체적 적성의 발현이 학교의 주된 목적이라서가 아니라, 신체교육이 이성의 연마를 위한 수단이라고 생각했기 때문이었다. 병든 몸으로는 정신을 발전시킬 수 없다고 보았기 때문이었다.

그러니까 보수적 학교의 목적은 매우 단순하고 잘 규정되어 있다. 교사나 행정가나 학생이나 학교가 지향하는 바를 명백히 알고 있다. 그러니까 고등한 지적 능력을 지닌 자만이 고등한 학교에 들어갈 수 있다. 그리고 규정된 주제의 숙련의 정도에 따라 측량되는 능력을 과시한 자만이 학교에 남을 수 있다. 교육에 있어서 엘리티즘이라고 하는 것은 대부분의 전통교육의 목적의 필연적 귀결이다. 기독교 이전의 시대로부터 21세기에 이르기까지 모든 시대를 통틀어 대부분의 보수주의자들은 모든 인종의 모든 아이들이 다 동등하게 교육될 수 있다는 신념을 거부한다. 대부분의 학동들은 기술교육을 받으면 족하며, 아주 소수의 정예로운 학동들만이 지성을 연마하며 지혜에 도달할 수 있다고 믿는 것이다.

보수학교의 교육적 목적이, 달성하고자 하는 목표의 단일성 때문에 상대적으로 단순한데 반하여, 진보주의자들은 학교의 지성주의적 목표의 부적합함을 다음과 같은 몇 개의 근거위에서 지적한다. 첫째, 전통적 학교의 지성주의적 목표가 한때는 적합했을지라도, 근대의 국민국가적 학교에는 적합할 수가 없다는 것이다. 과거의 사회를 지탱했던 많은 제도가 근원적인 구조변화를 일으키거나 사라지거나 하는 마당에 학교만 구태의연한 목표를 고집할 수는 없다는 것이다. 학교는 현금의 사회변화조건에 적응하기 위해서는 당연히 변해야 한다.

둘째, 학교는 종국적이고 궁극적인 목표를 불변의 가치로서 신봉하면 아니된다. 보수주의적 교육의 목표들은, 보다 유연한 목표, 다시 말해서 인간과 인간의 물리적 사회적 환경이 변함에 따라 변할 수밖에 없도록 설정된 목표에 양보하는 것이 마땅하다. 진실로 학교의 수단과 목표의 관계는 전면적으로 다시 생각되어야 한다. 보수주의자들의 의식속에는 학교의 종국적 목표는 지성의 완벽한 연마가 될 수밖에 없다는 고정관념이 뿌리 깊게 자리잡고 있으므로, 모든 활동이 이 목적에 대한 수단으로서만 인지되고 있는 것이다. 그러므로 이 목표를 달성하는데 있어서 과연 어떠한 커리큘럼 패턴이 더 효율적인 수단이 될 수 있는가 하는 것만을 고민한다. 그리고 완고하고 융통성 없는 교실의 훈육형식이 느슨한 방식보다는 훨씬 더 좋은 수단이라고만 확신한다.

그러나 진보주의자들의 입장에서 보면, 이 목적과 수단의 관계는 반드시 상호의존과 연속성의 관계가 되어야만 한다. 목적 그자체가 목적을 달성하기위한 현실적 수단에 의하여 판단되어야 하며, 수단 또한 목적을 달성하는 맥락속에서 규정되어야 하는 것이다. 따라서 교육에 있어서의 목적과 수단은 교육적 활동의 연속적 흐름속에서 호상적으로 의존할 수밖에 없는 것이다. 목적과 수단이 독자적 실체성을 가질 수가 없다.

보수주의자들의 학교목적이 거부된다면, 새로운 목적─수단 관계가 정립되어야 하고, 그렇게 되면 진보주의자들은 자신들의 이상을 내걸고 그것을 명료하게 기술함으로써 끊임없는 비판과 시험을 거쳐야 한다. 그 새로운 목표는 지성의 발전만을 목표로 하지 않는 학동의 전인적 발전, 전인적 인품의 도야를 표방하는 것이 되어야 할 것이다.

나는 말한다. 학교의 목표에 관한 보수와 진보의 대립은 근원적으로 잘못된 것이다. 보수주의자들의 지성발전이라는 것은 수정의 대상이지 부정의 대상은 아니다. 보수주의자들의 주지주의적 목표는 지고의 목표가 아니라 학교의 당연한 기저활동으로서 인지되어야 한다. 그러한 인지위에서 진보주의자들의 융통성을 과감하게 수용해야 할 뿐이다. 서구의 진보주의자들은 천박한 자유주의shallow liberalism이념에 입각하여 보수주의의 장점에 대한 안티테제만을 내걸었을 뿐, 포지티브한 자신들의 테제를 설득시키고 관철시키는데 실패했다고 말할 수 있다. 나는 이러한 문제와 관련하여 학교의 목표는 진보와 보수의 주장이 다 수용되어야 한다고 믿는다. 그만큼 우리가 살고 있는 시대는 교육과정의 함량이 이전 어느 때와도 비교할 수 없을 정도로 막대한 수용성을 지니고 있다. 정보의 용량과 효율성이 전통적 교육의 시공적 제약성을 뛰어넘는 것이다. 나는 인간의 전인적 교육의 목표로서 전통문화가 강조해온

4가지 주요덕목을 다시 상기시키려 한다: 인仁, 의義, 예禮, 지智.

첫째, 인仁은 윤리적 판단을 포섭하는 심미적 감수성Aesthetic Sensitivity을 의미한다. 그것은 인간과 인간 사이에서 혹은 인간과 우주생명 사이에서 교감되는 느낌Feeling의 총체이다. 교육은 반드시 이성만의 문제가 아니라 심미적 감수성을 배양해야하는 것이다.

둘째, 의義는 사회적 정의감Sense of Social Justice이다. 사회적 정의에 관한 이론적 논의는 무궁하게 전개될 수 있겠지만, 사회적 정의는 직각론적으로 인간이 알 수 있는 것이다. 그 최소한의 공약수로써도 우리는 사회정의에 대한 명백한 결론에 도달할 수 있다.

셋째, 예禮는 사회적 질서감Sense of Social Order이며, 대의大義를 구현하기 위하여 소아小我를 버릴 줄 아는 사양지심辭讓之心이다. 양보를 모르는 인간은 인간이 아니다. 양보를 모르는 인간에게는 "멋"이라는 것이 있을 수 없다. 우리는 양보를 가르쳐야한다. 그것이 예禮라는 것이다.

넷째, 지智는 전통적으로 시비지심是非之心으로 규정되었으나, 나는 이것을 냉철한 진리, 현대과학에서 말하는 진리의 개념으로 재규정한다. 진리에 대한 존중이 궁극적으로 인간세의 시비를 판단하는 기준이 되어야 한다.

그리고 이 4가지 덕목 외로 "시민의 책임감civic responsibility"을 첨가해야 할 것이다. 시민의 책임감은 민주사회의 원리가 개인의 자유가 아니라 "협동cooperation"이라는 사실을 깨닫는 것이다.

그리고 또 이 단에서 논의된 지성적 교육과 그 외의 전문가양성의 교육에 관해서도, 상업학교, 예술학교, 체육학교, 공업학교, 농업학교 등등에서 이루어지는 교육을 주지주의적 교육과 동일한 수준의 수준의 가치체계로서 인지하고, 그 학교들의 위상과 교육내용을 보다 전문화시키는 방향으로 국가적 시책이 마련되어야 할 것이다.

6. 무엇을 가르칠 것인가?

커리큘럼의 내용과 범위에 관해 보수와 진보는 견해가 갈릴 수밖에 없다. 보수주의적 학교의 커리큘럼의 가장 현저한 특징은 그 범위가 매우 좁다는 것이다. 보수성향의 초등학교에서는 독문讀文, 작문, 철자, 산수의 기본적 기술을, 역사, 지리, 음악과 같은 과목과 함께 가르친다. 그리고 중·고등학교에서는 보통 학구적 주제로서 규정되는 바의 과목들, 국어, 어학, 과학, 수학, 역사 등등이 학교 커리큘럼을 구성하였다. 그리고 지성적 주제와 직접적으로 관련되지 않은 학교 활동은 모두 "과외extracurricular"라는 이름으로 지정되었다. 체육, 사회활동, 드라마공연, 밴드, 코러스, 오케스트라, 이런 류의 활동들이 학교의 주된 목적이 아니었기에, "과외"라는 이름 하에 제2선으로 밀려났다. 학교선생님들의 진보·보수 성향을 파악하는데 있어서도 무엇을 커리큘라(정규과목)와 엑스트라 커리큘라(과외)로 규정할 것인가를 묻는다면 그 대답이 주어질 수도 있을 것이다.

보수적 커리큘럼의 제2의 특성은 최근까지만 해도 선택과목이 거의 없었다는 것이다. 선택과목의 개념은 대학에서만 존재했고, 중고등교육 과정에서는 허락될 수 없는 것으로 생각했다. 보수적 학교에 다니는 학생들은 누구든지 미리 처방된 순서에 따라 주어지는 모든 과목을 이수하고 매스터하여야만 했다.

보수적 커리큘럼의 또 하나의 특징은 그 내용을 누가 관장하냐는 것에 관한 것이다. 커리큘럼의 내용을 결정하는 것은 그 방면의 권위 있는 학자이거나 전문가들이다. 지역의 학교나 교사나 부형이나 학생들은 커리큘럼에 관하여 일체의 영향력이나 조정의 가능성이 없는 것이다. 공식적인 커리큘럼의 지침은 기원전 4세기의 플라톤시절로부터 21세기 보수교육에 이르기까지 모두 하향(탑다운 from the top down)의 구조를 지니고 있는 것이다.

하여튼 보수교육을 특징 지우는, 지성적 주제 중심주의, 아카데믹한 성격, 필수주의, 권위자들의 내용관장은 서로가 밀접하게 연관되어 있다. 그러므로 학교의 일차적 업무는 오로지 효율적으로 학생들의 지성을 개발하는데 있다. 아카데믹하지 않은 활동들은 정규과목에서 아무런 합법적 지위를 차지하지 못하는 것이다.

이에 비하여 커리큘럼의 진보적 개념은 이러한 보수적 태도 전반에 걸쳐 부분적 수정이 아닌 전면적 부정을 의미하는 것이었다. 나는 지금 한국교육을 모델로 삼기보다는 미국의 실황을 가지고 이야기하는 것이다.

최초의 자유주의적 래디칼한 수정은 커리큘럼의 범위에 관한 것이다. 학교가 자율적으로 결정하는 모든 활동을 그 학교의 정규적 프로그램으로 인정해야 한다고 주장하였다. 아카데믹academic과 비아카데믹nonacademic의 구분을 근원적으로 인정치 않고 모든 활동을 커리큘럼의 유기적 부분으로 용인하는 태도를 취하였다. 학교 커리큘럼의 범위를 교실 내에만 한정시키지 않고, 학교 안에서 그리고 밖에서 수행되는 모든 활동을 학교정규교육으로 간주하였다. 20세기 초기 리버럴들은 강제적으로 주어진 커리큘럼의 성격을 거부하면서, 커리큘럼 선택의 최초의 기준으로서 "유용성utility"을 제시하였다. 학생들이 그 과목의 프랙티칼한 가치를 인지하지 못하면 가르칠 필요가 없다는 것이다.

이것은 진리는 프라그마틱 테스트(구체적 실험)에서 결정된다는 프라그머티즘의 세계관을 반영한 것이다. 우리의 어떤 관념이 참이냐 아니냐 하는 것도 그 관념에 따라서 우리가 행동하는 경우 실제경험으로서 어떠한 결과가 나타나는가에 있다. 즉 하나의 관념은 그것이 불러일으키는 행동의 유용성에 의하여 검증verification되는 것이다.

커리큘럼 내용을 결정하는 두 번째의 중요한 기준은 학생들의 관심의 패턴으로부터 유도된다. 아카데믹한 주제가 모든 학생의 관심이 될 수 없으며, 또 그들의 삶에 가치있는 유용성을 보장할 수도 없다. 그러기 때문에 진보주의자들은 학생들의 관심을 만족시키는 다양한 범위의 주제와 활동이 제시되어야 한다고 믿는다. 학생들의 요구need와 관심interest이 일차적인 주요동기가 된다. 모던한 중고등학교 과정에서는 아카데믹한 그리고 넌아카데믹nonacademic한 다양한 과목들이 제시되며, 학생들이 자율적으로 선택할 수 있는 범위를 넓히는 것이다.

　세 번째로, 학생들의 관심을 만족시키고 요구에 부응하는 커리큘럼들은 대체로 전통적인 점수매김의 방식을 취하지 않을 뿐 아니라 그 위상을 결코 낮게 설정하지 않는다. 아카데믹한 과목은 머리 좋은 학생들의 전유물로 간주되고 넌아카데믹한 과목은 좀 열등한 학생들의 피난처로 간주되는 그러한 편견이 있어서는 아니 된다. 카운슬러들은 학생들이 순수한 관심을 갖고, 또 진정한 성취감을 느낄 수 있는 그러한 과목을 자유롭게 선택할 수 있도록 편견 없이 도와주어야 한다.

　진보주의적 커리큘럼의 마지막 특징은, 보수주의적 커리큘럼이 지성의 탁월한 연마를 위해 디자인된 특정한 주제를 중심으로 구성되어 있는데 반하여, 역동적인 삶 그 자체에 근접하고 있다는 것이다. 학교에서 일어나고 있는 것이 일상의 삶으로부터 유리되어 있지 않으며, 오히려 삶 그 자체의 유기적 관련성의 일부가 되고 있는 것이다. 학교 그 자체가 하나의 공동체이며, 특별히 민주주의적 공동체이며, 학생이 매일 그 속에서 최소한 7시간을 보내는 삶의 장인 것이다. 그러므로 커리큘럼 그 자체가 그들의 삶의 유기적 체험이며, 단지 어른이 되기 위한 준비단계로서의 지나가는 과정이 아닌 것이다.

나는 말한다. 학교에서 무엇을 가르칠까에 관한 서구적 보수와 진보의 대립적 논의는 그 자체가 너무 과격한 정립-반정립의 충돌·모순의 테제로서 이해되어서는 아니 된다. 초·중·고의 교육이란 어차피 근대적 국민국가의 인테그랄 파트너로서의 국민교육이며, 개인의 특성만을 살리기 위한 사적인 교육이 아니라는 사실을, 일반론으로서 염두에 두어야 한다. 존 듀이John Dewey, 1859~1952의 해방론적인 자유주의 교육이론의 맹점이 너무 과격한 민주주의 사유로 흘러 국민국가의 공동체적인 책임감이나 다시 플린, 대의론大義論적인 도덕성을 유실시켰다는 데 그 맹점이 있다.

화이트헤드Alfred North Whitehead, 1861~1947가 초등학교교육을 로맨스의 단계Stage of Romance, 중고등학교교육을 정밀성의 단계Stage of Precision, 대학교육을 일반화의 단계Stage of Generalization로 보아 그 리드믹한 성격을 밝혔듯이, 모든 교육이란, 교육 그 자체의 절대적 성격이 있는 것이 아니고, 이러한 단계들로 이루어지는 싸이클의 연속적인 반복이 형성하는 리듬의 조절에 있다. 중고등학교 시절에 이러한 정밀성에 대한 감각, 다시 말해서 지성주의적 성장에 뒤쳐진다면 평생 다시 얻지 못할 귀한 기회를 유실케 된다. 중고교육이란 언어의 문법, 과학의 문법, 역사의 문법, 수학의 문법, 문학의 문법을 습득하는 문법습득의 단계이며, 이 단계에는 어차피 강제성이 포섭되지 않을 수 없다. 이것을 퇴계는 "경敬"(어텐션Attention의 의미)이라 표현하였고, 율곡은 "입지立志"(뜻을 세움)라 표현하였다. 단지 이러한 강제적 커리큘럼의 과정을 따라오지 못하는 학생들에 대한 관용과 배려와 다른 방식의 가르침이 필요할 뿐이며 그 지성주의적 커리큘럼 그 자체를 완전히 개방적 장 속에 방치한다는 것은 "교육입국"의 근원적 취지에 어긋난다. 국민교육은 국가운영의 공동선을 지향하는 시대적 사명을 도외시할 수 없다.

프라그머티즘의 "유용성"의 진리관도 말로 설파될 때는 그럴 듯하지만, 과연 학생 스스로 그 유용성을 판결할 수 있는 능력이 있는지, 그리고 인간세의 진리는 단지 유용성에 의하여 판결날 수 없는 당위적 측면도 적지 않다. 듀이의 교육이론이 학동들이 학교에서 아편 피우고, 섹스하고, 총질하는 난국을 초래했다면, 결코 유용한 결과를 초래하지 못했기 때문에 진리의 자격을 지니지 못한다고 말할 수도 있다. 그러나 기실 그러한 결과 때문에 듀이의 이론이 틀렸다고도 말할 수 없는 것이다.

필수와 선택의 문제도 우리나라에서는 고등학교과정에서 제2외국어, 사회탐구영역, 과학탐구영역에서 선택의 여지가 있어왔고, 지금은 국어, 수학, 체육 등의 분야에서도 세분된 선택과목이 늘어나고 있다. 그러나 필수는 보수주의적 교육커리큘럼이고 선택은 진보주의적 교육커리큘럼이라는 식의 단순무식한 분별은 소아병적 교육론에 지나지 않는다. 고등학교에서 구태여 대학교에서 시행하여야 할 선택과목적 방법론을 도입할 필요가 없다. 낭비가 심해지고, 지식의 농축성이 상실된다. 선택이 많아질수록 주제는 세분화되고, 그러면 그럴수록 학생의 지식의 포괄성은 사라지고 협애한 지식의 소유자가 되고 마는 것이다. 중고생의 지식의 포괄성과 엄밀성, 공동체의 공통분모적인 연대성은 결코 군국주의적·종교교육적 획일성이나 연역성과 혼동될 수 없다.

그리고 커리큘럼의 내용에 관한 학부형이나 학생의 간섭은 허용될 수 없다고 나는 생각한다. 단지 그 커리큘럼을 지도하는 교사의 역량과 자율적 방식, 그리고 의식형태의 다양성에 관해서는 교권이 확보되어야 한다. 자기가 가르치는 커리큘럼을 자율적으로 컨트롤하지 못하는 교사는 진정한 교사일 수 없다. 학교에서는 교권이 부모의 권위에 대하여 절대적인 우위를 지녀야 한다. 보수와 진보에 대한 근원적 성찰을 요구한다.

이퇴계―조식―이율곡―반계 유형원―성호 이익―다산 정약용으로 이어져 내려오는 교육론을 살펴보면 이들이 투쟁한 것은 신분제타파를 전제로 한 교육의 기회균등을 지향하는 것이었다. 이미 조선왕조에 "서당書堂"의 출현은 서원체제의 세속화, 향촌

화를 의미하는 것이었으며 서민교육의 대두를 의미하는 획기적인 것이었다. 단지 과거제도에 종속되는 준비과정만은 아니었다. 그리고 교육커리큘럼의 성격도 강제성과 유연성, 고등성과 생활성, 객관성과 내면성 등의 양면을 다 포섭하는 매우 포괄적인 것이었다.

7. 어떻게 가르칠 것인가?

전통적 학교도 다양한 가르침과 배움의 방법을 동원하기는 하지만, 이러한 방법의 대체적 특징은 교사중심teacher-centered이라는 것이다. 그리고 가장 흔하고도 가장 존중되어온 방법은 바로 "강의lecture"라는 것이다. 이러한 방법은 중고등학교, 대학에서 누구나 체험하는 것이기 때문에 특별한 설명을 요구하지 않는다. 교사나 강의자는 아주 핵심적인 사실을 제시하고, 배워야 할 주제에 대한 교사의 이해를 토로한다. 그러면 학생은 노트에다가 동일한 습득자료를 필기한다. 이 방법의 동반자는 질문과 대답이 매장마다 붙어있는 교과서이다. 선생과 교과서는 학생들이 자신의 지적 능력을 완만하게 닦기 위하여 배워야만 하는 핵심적 지식을 소유하고 있다.

이 강의방법이나 이 강의방법의 변형태는 핵심적 지식을 학생들에게 전달하는 가장 효율적인 수단이며, 학생들은 이러한 엣센스가 마스터에 의하여 그들에게 주어지는 것이므로 그것을 아니 배울 수 있는 구실을 찾을 수가 없다. 학생은 무엇을 아는 것이 진짜로 가치 있는 것인가를 알기 위해 방황해야 할 아무런 이유가 없다. 그들의 선생님이 그들의 지적인 성숙도와 유용한 교수경험에 의하여 어떤 지식이 가치 있는 것인가를 이미 선정해놓았기 때문이다. 학생들은 자신에게 주어진 주제를 마스터하는 작업에만 몰두해야 한다. 그리고 암송recitation의 방법은 전통적 학교에서 가장 보편적으로 통용되는 방법이었다. 그것이야말로 교사와 교재에 의하여 제시된 학습자료들을 학생들이 마스터하는 이해의 척도를 가장 잘 나타낸다고 믿었기 때문이었다.

교사중심의 방법의 또 하나의 특징은 교실에서 교사의 역할에만 중점이 놓인다는 것이다. 학생의 활동이란, 교사의 질문이나 명령에 대한 반응 이외로는, 아무런 기능을 갖지 않는다. 그러므로 가르침과 배움의 기능이 완벽히 분리되어 있는 것이다. 그러므로 교사는 교실에서 매우 능동적인 주체이며, 학생은 수동적인 수용자일 뿐이다. 그 수용의 민감성만이 가치의 서열을 이룰 뿐이다. 학생은 교실에서 제시된 것을 배우고, 학교에서 그리고 집에서 복습하여 소화시킨다. 교사와 학생간의 역할의 혼융intermingling of teacher-student roles이란 근본적으로 존재하지 않는다.

진보주의적 교육방법의 특징은 보수주의적 방법과는 달리 학생중심pupil-centered이라는 것이다. 그러기 때문에 진보주의자들은 학생의 활동pupil activity에 더 많은 중점을 둔다. 아마도 20세기에 주류를 이룬 많은 진보적 성향의 교육자들이 외친 "함으로 배우라Learning by Doing"라는 슬로건은 배움을 향한 이러한 어프로우치를 가장 잘 대변해준다고 말할 수 있을 것이다. 가르침－배움의 과정에 있어서 선생중심에서 학생중심으로 활동이 옮아가는 방법론적 전환을 가장 잘 예시하는 방법은 자율적인 "프라블럼 솔빙problem solving"(심리학에서 발전된 개념인데 지금은 인공지능, 컴퓨타 사이언스, 공학, 의학, 수학에까지 널리 응용되고 있다. 문제를 발견하고 해결하는 체계적인 방법)이다.

전통적 학교에서는 문제라는 것은 학생들에게 일방적으로 던져지는 것이었다. 그러나 진보적 교사들에 의하여 개발된 프라블럼 솔빙의 방법은 전통적 학교의 방식과는 매우 다른 것이다. 그들의 방법은 지식knowledge 그 자체에 대한 근원적으로 새로운 어프로우치이며, 학습자의 "체험experience"(우리말의 "경험"과 "체험"이 영어로는 다 "익스피리언스"인데, 경험은 경험주의적 인식론의 용어이고 체험은 보다 깊은 의미의 심성론적 체득을 의미한다)이 앎의 과정의 핵을 차지한다.

"앎"이라는 것은 "과정"이며, 이 과정은 반드시 체득의 과정이 되어야 한다는 것이다. 프라블럼 솔빙의 적용으로서 다양한 프로젝트 방법들이 지난 수십 년 동안 많이 개발되어왔다. 개별화된 방법이나 그룹지도의 다양한 기술이 개발되었다.

학습은 반드시 실제적 참여가 되어야 한다는 진보주의자들의 강조 때문에 필드 트립, 영화, 오디오 녹음, 비디오 등등이 배움활동의 모든 국면에 현장체험을 할 수 없기 때문에 대리적 방법으로서 활용되었다. 근대적 교육 테크닉에 있어서는 커뮤니티와 학교가 더욱 밀접하게 연합되었으며, 학생은 커뮤니티 라이프 community life에 보다 직접적인 교섭을 할 수 있게 되었다.

나는 말한다. 어떻게 가르칠 것인가라는 주제를 둘러싼 보수─진보의 논의는 그 나름대로 모두 취할 바가 있다. 단지 교사중심 teacher-centeredness이면 보수이고 학생중심student-centeredness이면 진보라는 이분법적 사유는 생각이 치졸한 서구인들의 다이카토미dichatomy의 오류에 불과한 것이요, 국민교육을 망치는 대본 大本이다.

나는 말한다. 학교의 주인은 알파도 오메가도 교사이다. 좀 천박하게 들릴지 모르겠지만 아주 비근한 예를 들어보자! 영화관을 예로 들면, 영화관을 소유하고 운영하는 자가 주인이요, 영화를 보기 위해 잠시 들렀다 떠나는 자가 손님이다. 손님은 영화관에서 감동을 받을 수도 있고, 돈이 아깝다고 생각할 수도 있다. 주인의 역할은 그 영화관에서 좋은 영화를 계속 상영하여 손님들에게 지속적인 감동을 선사하는 일일 것이다. 그렇지 못하면 영화관은 망하고 만다. 물론 우리가 논하는 대상은 공교육이기 때문에 누구도 사적 소유권ownership을 클레임할 수는 없다. 그러나 교육기관은 인류사에서 지혜로운 자의 가르침이 주主가 되어 태어난 것이다. 플라톤이라는 탁월한 사상가 때문에 아카데미아가 생겨났고, 공자의 교육적 열정 때문에 삼천제자의 행단이 생겨났다. 도산서원이란 퇴계라는 탁월한 사상가의 가르침을 배우기 위하여 모여든 학생들에 의하여 형성된 기관일 뿐이다. 여기서 퇴계 이황 선생이 주主요, 학생이 객客이라는 사실은 너무도 명백하지 않은가?(도산서원은 퇴계 서거 4년 후에 생긴 것이지만, 퇴계 당시에도 그 자리에 작은 서당이 있었다).

오늘 우리가 말하고 있는 것은 근대 국민국가의 국민교육이기 때문에 전적으로 도산서원에 비교할 수는 없다. 그러나 어떠한 상황에도 교사는 학교를 지키고 머무는 자이고, 학생은 학교에 잠시 동안 머물렀다 가는 존재라는 사실은 명백하다. 공교육에 있어서도 주체로서의 교사의 권위가 확보되지 않으면 참다운 교육이 이루어질 수 없다는 것은 너무도 명백하다. 교사중심에서 학생중심을 외치는 모든 논의의 대부격인 존 듀이조차도 그의 교육신념을 말하는 마지막 세 구절을 이렇게 끝내고 있다.

> 마지막으로 나는 믿는다. 교사는 개인의 훈련에만 전념하는 것이 아니라 정당한 사회적 삶의 형성에 기여해야 한다.
>
> 나는 믿는다. 모든 교사들은 그들에게 주어진 소명의 권위를 자각해야 한다. 교사는 그때그때 적합한 사회적 질서의 유지와 정당한 사회적 성장을 확보하기 위하여 특별하게 주어진 소명을 걸머지고 있는 존재라는 것을 자각해야 한다.
>
> 나는 믿는다. 이와 같은 방식으로 교사는 항상 가짜 아닌 진짜 하나님의 예언자이며, 진정한 하나님 나라의 선포자이며 실현자이다.

리버랄리즘의 원조인 존 듀이가 얼마나 교사의 위상을 존엄하게 생각했는지를 이제 알 수 있을 것이다. 오늘 우리나라는 공교육이라는 구실 하에 교사를 학교의 기능적 부품으로 비하시키고, 교사에게서 교육할 수 있는 진정한 권위를 탈색시키고, 문제 안 일으키고 인내만 하는 허수아비로 전락시키고 있다.

교사는 교육의 주체요, 학교의 주인이다. 단 근대교육의 장에 있어서는 교육의 주체인 교사가 학생이라는 존엄한 개체를 포섭하는, 다시 말해서 학생의 주체성을 포섭하는 주체가 되어야 한다는 것이다. 교사의 주체성은 학생의 주체성과 교섭하는, 일방적이 아닌 쌍방적인 역동성의 장에서만 존재한다. 교사의 권위는 전통적 권위주의의 산물이 아니라 근대 휴매니즘의 구현체로서의 권위가 되어야 한다. 교사의 권위는 보편주의적 사랑의 권위이며, 자기초월적인 모험의 권위이며, 끊임없는 배움의 권위이다.

동방의 전통적 인문교육을 맹목적 권위주의로 전락시키는 해괴한, 천박한, 인상주의적 관념은 불식되어야 한다. 조선왕조의 인문주의 교육은 서양 기독교─이슬람문명권의 종교교육과는 차원이 다른 것이며, 교사의 권위는 철저히 "교학상장敎學相長," 즉 가르침과 배움이 서로를 성장시키는 그러한 권위였다.

이 단락에서 논의된 방법론에 관하여 "강의lecture"라는 것과 "함으로써 배움Learning by Doing"이라는 것을 보수와 진보의 대립적 방법으로 논의하는 것은 매우 치졸한 발상이다. "강의"는 교사의 영원한 가치체계이다. "함" 즉 "체험"이라는 것은 "강의"의 보완으로서 의미를 갖는 것이지, 강의를 부정할 수는 없는 것이다. 위대한 강의가 이루어지는 상황에서도 얼마든지 진보적 교육방법론은 동시적으로 활용될 수 있다.

그리고 "주입식 교육"에 대한 반론도 터무니없는 것이다. 우리가 말하는 "주입"이란 앞서 말했듯이, 서양의 "인독트리네이션"과는 전혀 개념이 다른 것이다. 왜 학생이 학교에서보다 학원에서 더 열심히 공부하는가? 그 이유는 매우 단순하다. 학원의 선생님들이 보다 명쾌하고 쉽게 기본적인 정보를 잘 "주입시켜" 주기 때문이다. "주입"은 "강의"의 효율성에 관한 것이다. 주입은 나쁜 것이 아니라 좋은 것이다. 주입이 나쁜 것일 때는 학생은 취하지 않는다. 오늘 민주사회는 개명한 사회이며 학생 스스로 자결自決self-determination의 범위를 확보하고 있다. 이러한 상황에서는 효율적 "주입"은 더욱더 강조되어야 한다. "주입"을 위하여 교사들은 유모아를 개발해야 되고 학생의 관심을 끌 수 있는 교훈적인 스토리 텔링의 테크닉을 개발해야 한다. 그리고 교사는 학생을 야단칠 수 있어야 한다. 감동적인 야단처럼 효율적인 학습은 없다.

강의를 부정적으로 바라보는 교육론자들이 기껏 개발하는 논의가 "토론식 교육"이나 "체험식 현장학습" 정도이나, 이 모든 것은 보조수단이지 강의 그 자체를 억누르는 논의가 되어서는 아니 되는 것이다. 세미나라는 것은 원래 성숙한 인간들 사이에서 유효한 것이다. 빈대가리들이 아무리 토론을 해본들 아까운 시간의 낭비만이 산출된다. 학생들이 스스로 방과 후에 배운 것에 관하여 토론할 수 있는 자유롭고도, 진지한 전체 학교 분위기를 형성하는 것이 교사들의 임무요 사명이라 할 것이다.

우리가 논의하고 있는 것은 "교육입국"이다. 우리가 이 나라를 위하여 이 땅의 젊은이들에게 가르쳐주어야 할 기본적 가치가 너무도 많다. 이러한 가치의 효율적 전달이 서구적 "자유" 개념이나 일시적 "해방" 개념으로 인하여 방해를 받는 상황, 특히 교육에 있어서 낭비가 심한 현상은 국력의 저하를 가져올 뿐이다. 초등학교교육은 낭만의 교육이고 중고등학교의 교육은 디시플린의 교육이라는 것을 잊지 말자! 그 디시플린의 자산에 대한 자유로운 평가나 변용은 졸업 후에 모든 개체들이 스스로의 적성에 따라 창조적으로 이루어나갈 것이다. 학생들 스스로 학교교육 이상의 성과를 창조할 수 있다는 신념을 우리는 가져야 한다. 따라서 교육정책은 너그러워야 하고 "허虛"를 지니고 있어야 한다.

8. 학생은 어떻게 평가되어야 하는가?

이 세계의 교육제도 어디에서든지 시험과, 점수매김과 진학에 관한 논란이 많다. 그러나 보수이든 진보이든 이 평가문제는 교육적 목적의 맥락 속에 이루어져야 한다는 전제에 토를 달 사람은 없을 것이다. 이 문제 역시 여태까지 진행된 다양한 논의의 맥락에서 토론되어야 할 것이다.

앞서 논의한 바대로, 보수교육의 제1차적 목적은 학생의 이성적 발전에 있었으므로, 그 평가는 주어진 주제의 숙달의 정도에 따라 이루어질 것이다. 주제들(공부과목들)은 역사적 변천에 따라 변해왔다. 그러나 근대적 보수주의자들은, 그들의 고전적 선배와 마찬가지로, 학생의 지성적 진보를 결정할 수 있는 최선의 수단은 학생이 얼마나 충실히 주어진 교과내용을 습득했나 하는 것을 발견하는 것이라고 주장한다. 이 과정은 학생이 모든 적합한 사실들, 어휘, 그리고 특정한 주제의 형식이나 양식들을 얼마나 잘 암기했는가, 그 정도를 결정하는 모든 수단을 개발하고 활용하는 데 존存하였다. 이것은 주제로부터 도출된 원칙이나 일반화 양식에 관한 숙달을 테스트하는 것을 포함한다. 그리고 그러한 지식을 다른 상황에 적용하는 능력도 테스트하게 될 것이다.

19세기 중엽까지 다양한 주제의 성취의 정도를 평가하는데 있어서 "구두시험"이 거의 유일한 수단으로 활용되었다. 그때까지만 해도 종이나 인쇄가 오늘처럼 쉽게 활용될 수 있는 수단이 아니었다. 공업용 펄프라는 것이 1844년에나 개발되었다.

선생이나 방문자 시험관은 학생에게 구두로 질문하고 학생은 즉각적으로 그에 대답해야 한다. 그럼 교관은 그 대답에 대하여 판단을 내린다. 후에, 종이를 활용한 필기시험으로 바뀌었을 때도 기본적으로 구두식 심문관과 같은 방식으로 문답이 이루어졌다. 필기시험도 초기에는 에세이식이었다.

그러나 에세이식 질문—대답은 점점 짧아지게 되었지만 결국 평가의 제1의적인 목적은 중세기와 별 차이가 없었다: 학생이 주어진 서브젝트를 얼마나 잘 숙달했는가?

그러나 진보적 학교에서는 학동의 전인적 발달에 중점을 두었기 때문에 학생의 순수한 아카데믹한 성취라는 한계를 넘어서는 다양한 방식의 평가를 요구하게 되었다. 학생과 학생이 같이 일하는 그룹의 인격적·사회적 발달을 측정하는 다양한 테크닉들이 개발되기에 이르렀다. 그때그때 현장에서 이루어지는 일화나 평가의 기록, 관찰방법, 다양한 레이팅 스케일rating scale의 방법(가치를 재는 특별한 기준방법인데 양적인 것, 질적인 것, 사회과학적인 것이 포함된다), 건강목록, 쏘시오메트릭 테크닉sociometric techniques(사회적 관계를 측정하는 심리학적 방법. 그룹에 속한 개체가 그 그룹의 사람들에게 호감을 주는가 불쾌감을 주는가를 측정한다), 프로젝티브 테스트projective test(프로젝티브 테스트는 한 개체가 애매한 자극에 반응하는 것을 보아 숨겨진 감정이나 내면의 갈등을 드러나게 한다.

정신분석의 심리학자들이 무의식을 드러내는 방법으로 개발한 것), 케이스 스터디case study(사회과학, 생명과학의 한 연구방법인데 학습자의 특정한 시공에 있어서의 매우 심층적 상태를 자세히 드러낸다) 등등이 새로운 교육의 폭넓은 목표를 시금하기 위하여 활용된다.

학생이 얼마나 사실과 원리들을 암기했느냐 하는 것은 중요한 기준이 되지 않는다. 선생은 삶의 모든 국면에 있어서의 생도의 성장을 평가한다. 지성의 성취는 이러한 평가의 일부분에 지나지 않는다. 일반적으로 진보주의자들의 평가방법은 다음의 5가지 방법으로 요약될 수 있다.

첫째, 신체적 조건의 발전에 따른 변화와 성숙의 도수. 특별히 변해가는 삶이 요구하는 스킬의 습득수준.

둘째, 학생이 그가 어울리는 그룹 속에서 얼마나 능숙하게 관계를 유지하는가? 다시 말해서 사회적 적응social adjustment의 도수.

셋째, 개인적 상황과 그룹 상황에 있어서 프라블럼 솔빙의 능력을 발전시키는 수준.

넷째, 민주적 태도와 민주적 행위의 실천수준.

다섯째, 나이에 따른 감정적 성숙도의 증거.

이 다섯까지 기준은 모두 상대적이며, 절대적인 규범이나 기준은 없다. 진보주의자들은 "70~100 패싱passing"과 같은 숫자평가나 "A~D 패싱"과 같은 문자평가를 좋아하지 않는다. 학생들의 전인적 평가에 관한 성실한 보고서를 원칙으로 삼는다.

나는 말한다. 이 평가에 관한 주제에 있어서도 보수와 진보의 입장은 결코 대립되지 않는다. 우리나라 학교운영자들도 보수의 고지식한 태도만 고집하지 않고 진보의 다양한 방법을 흡수하고 있다고 생각한다. 교사의 에세이적 평가보고를 중시하는 입시제도가 앞으로 활성화되기를 나는 개인적으로 바란다. 그러나 이 문제는 대학입시제도라는 거대한 주제를 건드려야 하므로 여기서 논의하는 것을 삼가겠다.

단지 진보주의자들이 도입하는 온갖 심리학적·사회학적·정신분석학적 분석방법은 서양교육의 악폐에 속하는 것으로 우리나라에 도입되어서는 아니 된다. 학동은 정신분석의 대상이 아니라, 도덕교육의 대상이다. 그는 분석의 대상이 아니라 공감의 대상이다. 객체화의 대상이 아니라 주관적 사랑과 훈육의 대상이다. 서구적 분석방법의 결과는 매우 무책임하다: 본인에게 트라우

마를 안겨주고 결국은 아무런 대책을 발견치 못하는 것이다. 교육에 있어서 모든 가치(도덕)의 판단은 일차적으로 직각론直覺論 intuitionism적인 것이다.

도덕적 판단은 어떤 추리를 통하여 도출되는 것이 아니다. 우리 인간은 직각적으로 옳고 그름을 알 수 있는 것이다. 심리학적·생물학적 사실에 관한 지식에서 도덕의 원리를 끌어낼 수 없는 것이요, 초자연적 사실로부터 연역해낼 수도 없는 것이다. 어느 꽃이나 어느 소리가 아름답다는 것은 그냥 즉각적으로 아는 것이다. 우리에게는 그러한 미감과도 같은 도덕감moral sense이 있는 것이다. 그러한 도덕감에 비록 오류가 있을 수 있다 할지라도 과학의 권위를 빙자한 심리적 분석의 오류는 결국 20세기 미국교육을 망쳐놓은 것이다. 우리나라 교육이 과도하게 미국의 학교를 모방하는 추세는 이제 단절되어야 한다. 우리 스스로의 기준을 가지고, 우리 스스로가 만들어가는 역사의 환경 속에서, 우리 스스로의 판단을 내려야 한다. 수천 년의 기나긴 유교전통이 우리민족의 의식 심층에 수립해놓은 도덕적 기반은 미국의 진보세력이 갈망하는 바이나 구극적으로 그들의 손이 미치지 못하는 것이다. 그들의 문화적 갈망을 실현시켜 줄 수 있는 인문주의 도덕 전통이 부재한 것이다. 그렇다고 존 듀이를 포기하고 퓨리타니즘으로 다시 돌아갈 수도 없는 것이다. 오호라!

9. 자유와 디시플린은 어떻게 조화되어야 하는가?

인류교육의 역사에 있어서 "클래스룸 디시플린classroom discipline"의 문제는 항상 교사들을 괴롭히는 문제였다. 오늘날 한국의 교육현장을 지배하는 가장 큰 문제도 바로 이 주제에 집중되어 있을지도 모른다. 그러나 이 문제를 바라보는 보수와 진보의 견해차는 역시 크게 벌어져 있다.

보수주의자들이 학생들의 행동거지를 바라보는 견해 속에는, 디시플린, 권위, 복종, 조용함, 질서감 등의 개념들이 자리잡고 있다. 우리는 이 전체논의를 시작할 때, 인간이 무엇인가를 묻고, 선이 무엇인가를 물었다. 서양, 특히 기독교전통에서는 인간을 근원적으로 악의 성향을 가진 존재로 보거나, 그 본성이 근원적으로 악이라고 규정하는 성악설적 사유가 지배적이기 때문에(앞서 말했지만 동방에는 성악설은 존재하지 않는다. 순자는 "성오性惡"를 말했을 뿐이다), 과거의 교육자들이나, 오늘날의 대부분의 보수적인 교육자들이나 상식인들이 모두 무의식적으로 그러한 견해를 수용하고 있다. 이러한 이유로 그들은 학교에서 엄격한 훈육strict discipline이야말로 학동들이 훈육된 어른이 되도록 도와주는데 가장 본질적인 것이라고 생각하는 것이다.

그러한 방침의 배경에는 어린아이들은 자연상태로 방치하면 자연적 성향에 따라 나쁜 방향으로 흘러가버릴 것이라는 성악론적 생각이 깔려있다. 자연적 성향을 따라가면 그들은 학교에서 아무 것도 배우지 못할 것이며, 그렇게 되면 전혀 준비되지 않은 상태로, 훈육되지 않은 상태로 성인사회로 진입하게 될 것이다. 개체의 선善을 위하여, 사회의 선善을 위하여 "디시플린"이 요구되는 것이다.

이러한 학교 디시플린의 관점에서는 선생의 권위와 그 권위에 대한 학생의 절대적 복종은 상관함수관계에 있다. 가정에서 부모의 위상을 대신하는 교사와 행정가들은 학교시간 동안에는 학생에 대하여 절대적인 권위를 갖는다. 이론적으로는 보수주의자들도 학생이 하나의 인간개체로서 기본적 인권의 존엄을 갖는다는 것을 인정한다. 그러나 실제로 이러한 학생의 권리는 학교의 디시플린에 복속될 뿐이다. 그러므로 학부형이나 학생이나 모두 학교가 학생들에게 규율과 복종을 강요할 수 있는 권리가 있다고 하는 사실을 의심하지 않는다. 그때그때 필요한 규칙을 강요하는 권리가 학교에게 있다고 하는 사실을 거부하지 않는 것이다. 전통사회에서는 그 어느 누구도 적합하다고 생각할 때에는 학생의 복종을 강요하기 위하여 훈육적 방침을 사용할 수 있다고 하는 학교의 권리를 의심해보지 않았던 것이다.

보수주의적 교육자들은 실제로 학생들이 학교권위에 복종하는 외면적·형식적 사태 이상의 것을 요구했다. 이로 인하여 많은 부작용이 발생했던 것이다. 그들은 단지 학생들이 신과 인간의 계명에 바른 태도를 가지고, 충실하게 복종하는 것만이 교육의 지상의 목표라고 생각했던 것이다. 이렇게 해서, 학교는, 이 지상의 좋은 시민을 만들고 또 그 대심판 이후의 세계를 준비하는데 있어서 가정과, 교회와, 국가를 도울 수 있다고 생각했다. 오늘날까지도 미국의 교사들 중에는 진화론을 근원적으로 거부하고 창조론을 신봉하는 자들이 많다는 사실을 한번 생각해보라!

보수주의자들의 관점을 요약하면 그들은 권위주의의 위계질서적 가치관의 관점을 그들의 원리로 내세운다는 것을 알 수 있다. 이러한 위계질서적 가치야말로 권위에 대한 복종과 존경심, 규율과 규칙에 대한 신념, 규칙을 어겼을 때 벌이 필요하다는 생각, 그리고 규칙에 잘 순종했을 때는 보상이 따른다는 생각을 필연적인 것으로 만든다.

이에 비하여 진보주의자들은 당초로부터 권위에 대한 전통적 관념을 거부한다. 교사는 절대적인 권위체로서 학생 위에 군림하는 존재가 아니라, 교육과정에서 성립하는 그룹의 유기적 요소에 지나지 않는다. 물론 교사는 학생보다 더 성숙했고, 더 삶의 경험이 풍부하기 때문에 교실의 컨트롤에 있어서 우위를 점하는 것은 너무도 당연한 것이다. 그러나 그들의 권위가 어떤 불가침의 우월한, 초월적 권리로부터 유래한다는 생각은 근본적으로 잘못된 것이다. 민주주의정신을 고수하면서, 리버럴들은 전통적 교사의 권위주의적 태도와 행위를, 학생의 선택과 행동의 자유를 신장하기 위하여, 거부한다. 교실이 잘 훈육된다고 하는 것은, 떠들지 않음과 복종이 아니라, 학습의 활동과정에서 교사와 학생이 하나가 되어 협동하는 모습에 있다는 것이다.

리버럴 스쿨의 소신가들에 의하면, 디시플린의 또 하나의 측면은 인간이라는 존재의 사회적 성격the social nature of man에서 유래된다고 본다. 교육이론에 영향을 끼친 사회학자들의 지도적인 논문에 의하면, 결국 학동의 디시플린은 그 학동의 사회환경이 그를 인간화시키는 과정에서 달성된다는 것이다. 이러한 교육이론가들은 질서와 훈육을 달성하는 필연성을 그룹의 기준과 그룹의 압력group pressures의 적용에서 찾는다. 대부분의 젊은 학동들은 그들이 속한 그룹에서 인정받기를 원한다는 것이다.

훌륭한 교사들은 학생들의 디시플린을 고무하기 위하여, 학급 전체의 규범과 학교전체의 행동양식을 강화하고 일반분위기로서 정초한다는 것이다. 학급의 모든 멤버들의 공동노력이 그러한 분위기를 조성하도록 만든다는 것이다. 학생들이 그러한 규범이 자기들의 갈망과 욕구를 충족시켜주는 것이라는 인식이 성립할 때는, 외재적인 규범이 자기들에게 부과되기 이전에 그러한 내재적인 규범에 자율적으로 순응한다는 것이다. 그리고 그룹에 의하여 인정되기를 바라는 자연적 욕망은, 한 학동이 학우들에게 질시의 대상이 되는 튀는 행동을 하는 것을 삼가하도록 만든다는 것이다.

그렇다면 이러한 이론에 의하면 결국 디시플린이라는 것은 개인과 그룹의 관계에서 성립하는 하나의 사회적 과정a social process 이라는 것이다. 이것은 한 개체가 권위체로서 타 개체에 군림하는 사태와는 전혀 다른 것이다.

나는 말한다. 이 디시플린의 문제에 있어서도 보수와 진보의 입장은 다 같이 수용되어야 할 문제이지, 어느 한 편이 부정되어야 할 문제는 아니다. 존 듀이의 교육혁명은 그 나름대로 역사적 사명이 뚜렷했으며, 미국의 민주주의를 근대적 정신 위에 새롭게 정초했으며, 종교적 전통에 쩔은 권위주의로부터 인간을 해방시키는데 위대한 공헌을 했다. 그러나 여기 디시플린에 대한 논의를 잘 살펴보아도 알 수 있듯이 너무 보수의 입장을 진보의 입장에서 편협하게 규정한 측면이 있다. 어떠한 경우에도 디시플린은 교육의 알파요 오메가다. 진보교육이 디시플린을 거부한다면 그것은 교육의 자격이 없다. 결국 진보교육의 특징은 디시플린을 창출해 내는 방식에 관한 새로운 통찰일 뿐이다. 그런데 20세기 미국의 자유주의교육은 그 디시플린 자체를 거부하는 방향으로 잘못 해석되었고 잘못 발전되었다. 그리고 교사와 학교의 권위가 극도로 실추되었다. 그런데 더욱 비극적인 현상은 그러한 그릇된 이념이 우리나라 교육계에 무차별하게 수용되어, 미국의 타락보다도 더 극심한 타락상을 연출해내고 있다는 부인할 수 없는 사실에 있다. 자아! 무엇이 문제인가?

디시플린에 대한 해방 이후의 우리 교육계의 관념의 변천사를 피상적으로 훑어보면 이 단락에서 논의하고 있는 훈육론자들의 권위주의에 대한 비판이 그대로 적용되어 마땅하다고 생각할 수 있을 것이다. 다시 말해서 여기서 비판하는 종교적 권위주의는 군사부일체를 강조하는 피상적인 유교적 권위주의와 크게 다를 바가 없다고 생각할 것이다. 그러나 양자는 혼동될 수 없다. 종교적 권위주의religious authoritarianism는 여기서 논의된 바대로 기본적으로 원죄론과 같은 성악설性惡說에 기초한 것이다. 따라서 그 교육과정에서 디시플린이라는 것은 악한 본성을 억누르기 위한 것이다. 그러나 유교적 권위주의는 철저히 맹자의 성선설에 기초하고 있으며, 그것은 어린아이에 내재하는 선단善端을 확충시켜 나가는 과정의 훈련에 관한 것이다.

서양의 디시플린은 근본적으로 부정적이고 우리의 디시플린은 근본적으로 긍정적인 것이다. 단지 우리가 체험한 권위주의라고 하는 것은 유교의 본래적 가치가 아니라, 일본제국주의의 사악한 음모에 의하여 왜곡된 군국주의적 권위주의였으며, 그것을 계승한 박정희 군사정권의 권위주의였다. 대체적으로 전교조가 반발한 것은 이러한 군국주의적 권위주의에 대한 반동이었다.

이러한 반동은 시대적으로 매우 정당하고 가치 있는 것이나, 그러한 반동적 조치reactionary measures로 인하여 근본적인 권위주의를 부정한다는 것은 매우 시대착오적인 치졸한 발상의 소치일 뿐이다. 교육은 권위주의를 배척하지만 권위를 신봉하지 않을 수 없다. 권위는 학습자들의 인간적인 존경심의 대상에게만 부여되는 것이다. 권위는 사랑의 교감체이며 성장과 모험의 동력이다. 권위의 초월적 뿌리는 철저히 거부되어야 한다. 그러나 인도주의적 교감의 싸이클에서 자연스럽게 형성되는 권위가 없이는 교육은 성립할 수 없다. 나는 말한다. 교사의 권위는 고수되어야 한다.

나는 소학교에 들어가기 이전에 이미 『천자문千字文』을 배웠다. 『천자문』을 마스터하고 나면 『동몽선습童蒙先習』이나 『격몽요결擊蒙要訣』을 배우는 것이 상례였다. 이 두 가지 텍스트가 다 조선왕조에서 조선의 학자가 어린이들을 위하여 지은 학습교재라는데 매우 큰 의의가 있다. 『동몽선습』은 성종~명종 때 학자인 소요당逍遙堂 박세무朴世茂, 1487~1564가 지은 것이고, 『격몽요결』은 우리가 잘 아는 천재적 사상가 율곡栗谷 이이李珥, 1536~1584가 지은 것이다. 율곡이 42세 때 해주海州 석담石潭에서 강학하면서 후손의 교육을 염려하여 자신의 교육철학을 압축시켜 놓은 것이다.

『동몽선습』은 내용이 매우 도식적인데 반하여, 『격몽요결』은 천재적인 사상가의 기지가 번뜩이는, 동방의 전통적 철학이 지향해온 모든 교육적 가치를 압축해놓은 희대의 걸작이라 아니 할 수 없다. 율곡의 사상은 실로 이 작은 문헌에 압축되어 있다고도 말할 수 있다. 아니! 조선의 교육사상을 알기 위해서는 『격몽요결』이 한 권을 정독하라고 나는 말해주고 싶다. 우리가 토의해온 모든 교육철학적 논의의 근거를 이 소책자에서 발견할 수 있을 것이다.

우선 『격몽요결』과 『동몽선습』이라는 책제목에서 공통된 것은 "몽蒙"이라는 글자이다. "몽"을 보통 "어둡다"는 의미로 쓰지만 왕부지王夫之는 "몽"이라는 글자 자체의 모습은 풀초 변이 있는 것으로 보아, 큰 나무에 기생하여 올라가는 넝쿨을 의미한다고 보았다. 다시 말하여 의지하지 않을 수 없는 "어린이"의 모습이라는 것이다.

사실 이『동몽선습』이나『격몽요결』의 발상은 송대철학의 선하先河인 장재張載, 1020~1077의『정몽正蒙』이라는 책에서 온 것이다.『정몽』은 "어둠을 바로잡음"이라는 뜻인데 *Correction of Ignorance*라고 영역된다. 그러나 더 원초적으로 거슬러 올라가게 되면 "몽"은『주역』의 64괘 중에서 4번째의 괘卦(䷃)의 이름이 된다. 둔屯의 반대괘로서, 위에는 산☶(간艮)이 있고, 아래는 물☵(감坎)이 있다. 보통 "산수몽"이라 말한다. 물이 육중한 산 아래 놓여있으니 어두울 수밖에 없다. 그러나 그 어둠이 대지를 뚫고 산에 초목을 성장시키는 모습을 연상하면 "교육"이라는 이미지가 종합적으로 떠오를 수도 있다.

　그런데 이 "몽"과 관련하여 우리는 권위주의적 오해가 많았다. 보통 어린이를 "동몽童蒙"이라는 말로 부른 것도『주역』에서 유래한 말인데, 명백하게 "몽매蒙昧한 존재"라는 뜻으로 규정한 것으로 간주되었다. "몽매한 존재를 깨우친다"는 것을 교육의 모토로 삼았다는 것이다. 그러나 "정몽正蒙"의 "몽"은 결코 사악하고 비뚤어지고 왜곡된 몽이 아니다. "정몽"을 다른 말로 표현하면 "양몽養蒙"이 되는데, 이것은 "몽을 기른다"는 의미이니, 이때의 "몽"은 "가능성"일 뿐이다. "몽매"를 "문명"과 대비시켜 보면 그 의미가 명료하게 드러난다.

문자가 없는 데서 문자가 생겨난다. 문법을 습득 하는 과정	몽蒙 ↓ 문文	매昧 ↓ 명明	어두웠던 것이 밝아진다

어둡다고 해서 사악하거나 왜곡된 것이 아니다. 그것은 밝아질 수 있는 가능성일 뿐이다. "격몽擊蒙"이라 해서 몽을 때리고 퇴치하는 것이 아니라, 몽을 깨우친다는 의미인 것이다. 장재의 『정몽』이라는 책도, 인간의 사악함을 비난한 책이 아니라 인간의 위대함을 예찬한 책이다. 그 첫 장이 「태화太和」편인데, 실로 장중한 우주론이다. "태허는 무형인데, 그 형태가 없음이 바로 기氣의 본체이다. 太虛無形, 氣之本體"라는 유명한 말로 시작하여, "태허가 기임을 알게 되면 무無는 존재하지 않는다는 것을 알게된다. 知太虛卽氣則無無。"라고 선언한다. 다시 말해서 무無라는 형이상학적 실체를 신봉하는 모든 인간의 무지에 대하여 정론正論을 제시하고 있는 것이다. 인문주의의 극점을 예시하고 있다.

    내가 말하려는 것은 어린이를 무지몽매한 존재로만 보아 우격

다짐으로 계몽시켜야 한다는 식으로 주입식교육을 강행한 것이 동양의 교육사상이었다는 기존의 편견과는 거리가 멀다는 것이다. 장재도 "정몽正蒙"을 해설하여 "몽자로 하여금 그 정도를 잃지 않게 하려 함使蒙者不失其正"이라고 말하고 있다.

자아! 율곡이 말하는 "격몽擊蒙"이란 무엇인가? 격몽의 제1의 조건은 "입지立志"라고 말한다. 입지란 무엇인가? 그것은 뜻을 세우는 것이다. 그렇다면 과연 무슨 뜻을 세우는가? 율곡은 말한다. 그것은 성인이 되는 것을 스스로 기약하는 것이다必以聖人自期. 율곡은 말한다: "털끝만큼이라도 자신을 작게 여기고 물러나 핑계 대려는 생각을 두어서는 아니 된다." "나는 성인이 되어야 한다." 그것이 어린이교육의 알파요 오메가라는 것이다.

율곡은 말한다. 성인聖人과 중인衆人은 그 본성이 하나인데, 어찌 하여 성인은 홀로 성인이 되며, 나는 무슨 연고로 홀로 중인으로 머문단 말인가! 그 이유는 간단하다! 그것은 성인이 되겠다는 뜻을 세우지 않았기 때문이요, 그 앎知이 밝지 못하고, 그 행行이 독실하지 못했기 때문이다. 맹자는 입만 뻥긋하면 인간의 본성이 선하다는 것을 말했고, 인간이라면 누구든지 요순이 될 수 있다고 말했는데, 어찌 맹자와 같은 위대한 사상가가 우리를 속였겠는가!

자아! 여기서 내가 말하려고 하는 것은 우리의 전통교육은 서양의 종교교육과는 전혀 다른 근거 위에서 인간의 교육을 생각했다는 것이다. 인간은 원죄의 존재가 아니며 구원의 대상이 아니요, 복속되어야 하는 신앙의 주체가 아니다. 인간은 성인이며, 성인이 될 자질을 누구나 구유한다. 그러므로 교육이란 그 성인의 자질을 스스로의 입지立志를 통해 발현할 수 있도록 도와주는 행위일 뿐이라는 것이다.

나는 말한다. 우리의 전통은 이미 서양의 모든 리버랄리즘이 지향하는 자유롭고도 해방된 가치를 훨씬 더 폭넓게 수용한다. 그러나 우리가 고수해야 할 것은 정몽의 디시플린이며, 격몽의 입지立志이다. 나의 모든 교육적 신념은 현세의 모든 민주적 진보주의의 가치를 수용하면서도, 대의大義를 위하여 소아小我를 버릴 줄 아는 공익公益의 보편주의를 실천하는 디시플린(공부工夫)이 있는 인간을 만드는데 집중되어 있다. 인간은 소체小體를 버리고 대체大體를 추구해야 한다.

나는 말한다. 나의 교육적 신념은 우리가 살고 만들어가는 역사의 장 속에 놓여있다. 그것은 일시적으로 고정된 불변의 절대이론이 아니다. 나의 입론은 또다시 나를 넘어서 이 땅의 교육자들과 학생들에 의하여 발전해나가야 한다. 나는 인류문명의 3대축을 서구인들처럼 진眞·선善·미美로 보지 않는다. 선은 미에 종속되는 가치일 뿐이다. 인류문명 3대기축을 논하라면 나는 이렇게 말하겠다: 진眞·미美·역易! 진은 과학이며, 미는 인仁의 심미적 감수성이며, 역은 변화와 창조와 모험을 의미하는 것이다.

2017년 11월 25일 오후 6시 50분
전북대학교 대강연을 앞두고 탈고

우리나라 해인사에 보관되어 있는 『팔만대장경』은 당대 세계의 불경이 목판의 형태로 보존된 가장 오래되고, 가장 완벽한 체제의, 가장 방대한 컬렉션이다. 대정 연간에 타카쿠스 쥰지로오高楠順次郎, 1866~1945가 편찬한 『대정신수대장경大正新修大藏經』(1924~1934)이 20세기 세계불교학 발전의 원천이 되었는데 이 『대정신수대장경』의 저본이 바로 우리 『팔만대장경』이다. 그러니까 해인사 『팔만대장경』이 없었더라면 오늘날의 찬란한 불교학이 꽃피지 못했을 것이다. 그런데 사람들이 안타깝게도 이 고려대장경의 역사, 『초조대장경』-『의천대장경』-『팔만대장경』의 당대 세계최대의 문화사업을 놓고 단지 "외침을 막기 위해" 어렵게 간행한 것으로만 이야기하고 있는데 이것은 진실로 넌센스이다. "외침을 맞이한 상황에서 불심에 호소한다"는 의미가 일면 없을 것은 아니지만, 그 웅대한 문화사업을 강행하는 고려의 문화적 저력은 당시 고려가 세계최강의 대국이라는 엄연한 사실을 도외시하고는 설명될 길이 없다. 칼을 목판으로 막겠다는 뜻이 아니라, 칼이 목에 닥쳐도 문화의 명맥을 포기하지 못하는 문화대국의 자신감이 있었던 것이다. 우리 해인사뿐만 아니라 대찰들의 스케일이 태주 국청사의 스케일을 뛰어넘는 것을 내가 직접 경험하고, 우리 고승들이 대접받은 상황을 생각해보면 고려는 황제국으로서 송나라와 대등한 위치에 있었다는 것을 알 수 있다. 『고려사』 자체가 조선왕조의 학자들이 고려 황제국을 폄하하기 위하여 집필한 왜곡된 문헌이라는 것을 확연히 깨달아야 한다.

해인사 장경각 팔만대장경

I

총 론

충절과 반역, 수구와 혁명

"만 권의 책을 읽고 만 리의 파랑을 격파하며 나아간다. 讀萬卷書,
破萬里浪." 진리의 탐구를 위해 눈물겨운 여정을 감행하였던 신
라의 구법승들이 유학 장도에서 읊었던 장쾌한 절구의 한 소절!
어찌 만 리의 파랑이 서해바다의 파랑일 뿐이리요? 그것은 기구한
우리 인생의 파랑이요, 기나긴 반만 년의 역사의 격랑이요, 충절과
반역, 수구와 혁명, 억압과 자유의 기복으로 점철된 우리 정치사의
풍랑이리라!

공자는 언젠가 이런 말을 한 적이 있다: "열 가호쯤 되는 조그만

마을에도 나처럼 충직하고 신의 있는 사람은 반드시 있다. 그러나 나만큼 배우기를 사랑하는 사람은 없다.十室之邑, 必有忠信如丘者焉, 不如丘之好學也."공자는 타인과 구별되는 자신의 인간됨의 특징을 "호학好學"이라는 한마디로 규정했다. 끊임없이 배우기를 좋아한다는 뜻이다. 그만큼 늙어 죽을 때까지 배움 앞에 자신의 가슴을 열어놓고 살았다는 뜻이다. 그러나 나 도올은 묻겠다. 진실로 진실로 우리 한민족처럼 배우기를 사랑하는 사람들이 이 지구상에 또 있을까보냐?

호학의 민족사, 『팔만대장경』을 보라!

타카쿠스 준지로오高楠順次郞, 1866~1945가 세계불교성전의 최고 권위있는 에디션인 『대정신수대장경大正新脩大藏經』(1922~34)을 만들 수 있었던 것도 오직 해인사 『고려팔만대장경』이라는 위압적인 목판 경판이 있었기 때문이다. 목판 한 판 한 판 매 글자에 새겨져 있는 고려인들의 숨결, 그 방대하고도 광활한 지식결구의 지극한 정성을 회상하는 나의 눈시울에는 뜨거운 경외의 기운이 서린다. 고려청자의 그 단아하고 세련된 빛깔과 곡선미를 만들어 낸 사람들은 과연 요즘처럼 시험만 잘 보는 이지적 계산에 밝은 영수英數의 천재, 그런 인간들이었을까? 삼천대천세계를 한 공간에 압축해놓은 듯한 석굴암의 장중웅려한 화장세계의 한 땀 한 땀의 끝자국이 과연 김대성 한 사람의 작품일까보냐? 이 모든 것, 우리 민족이 그토록 문아文雅하고, 화려하고도 세련된 자취를 이 지구 상에 남길 수 있었던 것은 최근 기러기아빠들의 소줏잔에 젖은 피눈물의 인생역정이 말해주듯, 이 민족 전체가 호학의 열정이 없이는 살 수 없는 존재라는 것, 그 존재의 결실이 아니고 또 무엇이랴!

국민의 심상 속에 박근혜는 선거에 관한 한 헤라클레스처럼 보인다. 헤라클레스는 영웅이다. 희랍신화에서 영웅hero이란 신과 인간 사이에서 태어나는 중간자적 존재이다. 그래서 영웅은 무수한 운명적 과업을 불굴의 투지를 가지고 극복해나간다. 그러나 영웅은 결국 죽는다. 아버지가 신이지만 인간 엄마의 피를 받았기 때문이다. 그런데 영웅의 죽음을 살펴보면 "휘브리스ὕβρις"와 관계되어 있다. 휘브리스란 자기에 대한 지나친 과신, 오만을 의미한다. 『일리아드』 속의 아킬레스도 휘브리스 때문에 목숨을 잃고 만다. 박정희의 신화가 살아있는 한 박근혜는 헤라클레스처럼 많은 과업을 무난히 수행할지도 모른다. 그러나 박근혜의 휘브리스는 박정희신화 그 자체를 소멸시켜가고 있다. 제우스의 방패가 사라지고 있는 것이다. 그나마 요번 선거는 박근혜의 눈물이 지켜낸 헤라클레스적 대과업의 일환이라고 말해야 할 것 같다. 그런데 아이러니칼하게 그 와중 속에서도 혁신교육감시대가 도래했다.

교육감만 장악하면 역사의 대세를 장악하는 대승

우익보수의 한 진실한 대부임을 자만하는 언론인이 이와 같이 말했다: "새누리당이 6·4지방선거에서 참패해도 전 학생인구의 40%를 관장하는 서울·경기도의 교육감만 장악하면 승리하는 것이요, 반대로 대승한다 하여도 서울·경기도 교육감을 놓치게 되면 대패하는 것이다. 이것은 헌법정신이 사느냐 죽느냐의 대결전이다." 참으로 통찰력 있는 명언이다. 도대체 그 분이 생각하는 헌법담론이 무엇인지는 알지 못하겠으나 국가의 운명을 통시적으로 생각하는 혜안은 가상한 것이 있다.

최근 나는 어느 유수 대학에서 이공계 1·2학년 500여 명을 상대로 강연을 한 적이 있다. 세월호참변 이후의 참담한 분위기였고, 강연자인 나의 가슴에는 무엇인가 조국의 앞날에 관하여 우려를 전하고 싶은 파토스가 용솟음치고 있었다. 나에게 주어진 시간은 불과 40분 정도였다. 여하한 대중이든 40분 정도의 시간 동안 나의 말에 집중을 시키지 못하게 만든 경험은 나의 기억에 있지 않다. 나의 강의는 한 달 전부터 학생들에게 예고되었고, 총장과 교수님들도 참석했을 뿐 아니라, 학생들도 강연장을 가득 메운 상태였다. 그리고 학생들은 매우 조용하게 앉아있었으며 주변 학생들과 담소하지도 않았다. 그런데 이게 웬일인가? 마이크가 쩌렁쩌렁

울리는 매우 좋은 시설의 강론장이었는데, 5분이 지나도록 나의 언변에 귀를 기울이는 학생이 없었다. 차라리 담벼락에 대고 이야기하라면 그런 대로 일방적인 담론을 쏟아놓을 수도 있겠지만, 살아있는 인간 앞에서 1밀리미터도 교감의 통로를 확보하지 못한다는 사실에 나는 울화가 치밀고 말았지만, 계속 학생들을 달래면서 강론을 끝낼 수밖에 없었다.

대학생들의 아파티

알고 보니 그 학생들은 출석체크가 되기 때문에 앉아있는 것뿐이었고, 대부분의 학생들은 책상 밑으로 눈을 깔고 카톡에 열중하였고, 카톡을 안 하는 학생들은 조용히 잘 뿐이었다. 도올이 누구인지, 자기들이 공부하는 과학의 위대성이 무엇인지, 도올의 강론이 자기들의 삶에 어떤 의미를 가지고 있는지, 일체 자기향상에 관한 의지나 호기심이 부재한 상태였다. 500여 명 중에 내 말을 듣는 초롱초롱한 눈빛은 몇몇 눈동자에 불과했다. 초현실주의적 영화의 한 장면 같았다. 나에게는 진실로 깊은 상처를 안겨준 역사적 사건이었다. 내가 사랑해온 내 나라 대한민국이 과연 어디로 향하고 있는지, 도무지 방향을 잡을 수 없었다. 그 자리의 대한민국의 젊은이들을 특정지운 것은 오직 아파티apathy 즉 무감無感, 그리고 개별화된 시공간 속에 자기를 단절시키고 있는 모습이었다. 창문 없는 모나드에게는 예정조화라도 있다. 그러나 여기에는 무감각만 있는 것이다.

세월호 참변에 대한 안타까움

세월호 안에서 무기력하게 스러져간 어린 생령들의 행동은 주어진 상황에서 누구라도 취할 수밖에 없었던 최선의 방도였다는 것을 우리는 공감하고 가슴아프게 생각한다. 그 학생들의 상당수가 애절하게 부모님들과 카톡을 했다. 그 덕분에 귀중한 자료가 많이 남았다. 그래서 국가 시스템의 무능의 실상이 백일하에 드러났다. 그러나 우리가 교육적 차원에서 안타깝게 반추해볼 수도 있는 또 하나의 가설은 카톡이 아닌 생존의 방법의 모색을 위한 진지한 호상적 토론이 우선 되었을 수도 있었다는 것이다. 선중의 마이크에서 울려퍼지는 "가만히 있으라"는 절대명령이 있었다 할지라도 생사의 기로에서는 생존을 향한 본능적 욕구가 있게 마련이다. 그리고 충분한 토론의 시간적 여유가 있었다. 그럼에도 그들의 시공간은 카톡과 더불어 개별화될 수밖에 없었던 문명의 구조적 현실태에 종속되어 있었고, 절대적 권위에 대한 물리적 순응만이 그들의 행위를 지배했다. 앞서 지방선거를 예견한 언론인이 헌법수

호를 운운했지만, 헌법이라 하는 것도 필요에 따라서는 개정될 수 있는 것이다. 미국의 민주주의 역사는 헌법수정의 역사라 할 수 있다. 헌법도 수정될 수 있는 것이어늘 "가만히 있으라"는 마이크 소리가 개정의 대상일 수는 없겠는가? 생존의 최선의 방법을 모색하기 위하여 탐색대를 밖으로 내보내면서 긴밀한 상황연락을 취했더라면 어떠했을까? 요번 6·4지방선거는 "가만히 있으라"교육에 대한 국민들의 분노가 표출된, 기존세력의 역사몰이 전체에 대한 응징이라는 사실을 깨달아야 한다. 순결한 단원고 학생들은 우리시대의 교육이 저지른 죄업의 희생양이었다.

보수는 표가 갈리고 진보는 단일화되었기 때문에 진보가 이긴 것이 아니다. 보수를 표방하는 교육감들의 정책방향이 근원적으로 불성실하고 이 땅의 자녀들을 사지로 휘몰고 있다는 불안감이 국민들의 일반정서를 각성시켰기 때문이다. 그렇다고 진보교육감들의 정책방향에 대한 구체적인 그림이나 요구가 마련되어 있는 것도 아니다. 단지 진보교육감들이 좀더 성실하고 신중한 느낌을 준다는 것, 그리고 보수교육감들의 정책이 확실히 잘못되었다는 것을 직감하는 마당에는 진보세력에게 일단 기대를 걸고 보자는 애절한 마음이 작동되었던 것이다. 17명의 교육감 자리 중에서 13석을 진보세력이 차지했다는 것은, 내가 단언하건대 노무현이 대통령에 당선된 것보다도 더 큰 역사적 의의를 갖는 사건이다.

더구나 노무현도 "바보"가 되고 말았던 부산과 경남 지역마저 진보교육의 정신에 겸허하게 자리를 양보했다는 것은 유신독재시절의 부마민중항쟁에 비견할 수도 있는 민중역량의 표출이다.

교육혁명 없는 정치혁명은 권좌의 교체일 뿐

정치적 혁명이야말로 역사에서 강렬하게 표출되는 진정한 전변의 계기인 듯이 보이지만, 대부분의 정치혁명은 권좌의 인간들을 환치시키는 데 그치고 말 뿐이며, 교육혁명을 수반하지 않는 한 좌절로 끝나버리고 만다. 다시 말해서 정치혁명보다 교육혁명이 역사의 진로를 더 근원적으로 변화시키는 것이다. 민주주의는 단순한 정부형태 이상의 것이며 그것은 공동생활의 형식이요, 공유하는 경험의 양식이다. 교육받은 유권자 없이는 보통선거권은 의미가 없으며, 사회가 민주화되지 않으면 국민이 평등한 교육기회를 가질 수 없다. 민주와 교육은 한몸이며, 교육은 민주사회의 지표이다. 교육의 바른 방향을 주도하는 세력이야말로 진정한 역사의 주체이며 정치권력의 구현자이다.

교육은 철학의 목적

철학만 해도 그렇다! 철학은 존재론이나 인식론, 형이상학을 운운하는 한가한 소수의 게으른 담론이 아니다. 철학이 추구하는 모든 진리나 가치의 기준은 오로지 교육을 통하여 입증되어야 하는 것이다. 교육은 철학의 목적이며 소이연이다. 플라톤의 『국가』도 결국 이상국가 건설을 위한 교육론이며, 공자의 모든 철학도 교육의 방법론으로부터 우러나온 것이다. 교육철학이 없는 철학자는 그가 살고 있는 시대의 사상가가 될 수 없다. 교육철학이 인식론의 지평을 주도하는 것이다. 따라서 교육에는 진보와 보수의 구별이 있을 수 없다. 자녀의 교육에 관한 진보와 보수의 싸움이란 공통된 체험을 기반으로 하는 방법론적 견해의 차이일 뿐이다. 체험의 공통기반이 없다면 애초로부터 싸움을 할 건덕지가 없다. 공통기반이 확보된 싸움은 자신들이 고집하는 방법론의 제약을 초극하는 전체적 비전을 획득할 때 해소될 수 있다. 모든 악은 스피노자의 말대로 부분적인 앎의 소산이다. 앎이 전체의 상에 도달하면 부분적 앎의 악은 사라지고 만다: "이제는 내가 부분적으로 아나 그때에는 주께서 나를 아신 것 같이 내가 온전히 알리라"(고전 13:12).

진보와 보수의 교육에 관한 철학적 담론의 차이: 인간론

진보와 보수를 갈라서는 아니 되지만, 역사적으로 서양교육사에 흔히 논의되어온 양자의 입장을 일별해보자! 우선 인간을 규정하는 시각이 다르다. 인간본성에 관하여 보수주의자들은 몸Mom이라는 인간의 총체적 사태를 교육의 대상으로 삼는 것이 아니라, 몸을 정욕이나 감정의 타락의 물질적 장으로 비하시키고, 그 신체적 몸과는 구분되는 마음, 흔히 영혼이나 이성으로 불리우는 특수한 측면만을 배양해야 할 고귀한 부분으로서 고양시킨다. 따라서 진보주의자들은 몸이라는 총체적 사태에 대한 선·악의 규정성을 거부하지만, 보수주의자들은 육체와 정신에 대한 선·악적 규정성을 확고하게 전제하고 들어간다. 대부분의 기독교적 신앙의 소유자들은 필연적으로 이러한 이원론에 빠지게 되며, 도심·인심을 운운하는 신유학의 주리론자들도 이러한 경향성을 노출시킨다.

인식론과 진리론

인식 즉 앎에 대한 시각도 달라진다. 보수주의자들은 이성의 능력, 수학과 같은 연역적 추리활동을 계발하거나 이성의 추리활동을 도와주는 사실적 자료를 암기시키는 것을 학업의 고차원적 원리로 간주하지만, 진보주의자들은 인간의 총체적 경험을 강조하며 귀납적 추리를 매 상황에 따라 학습시키며, 자신의 삶의 문제를 스스로 해결하도록 도와준다. 진리에 대한 견해도 다르다. 보수주의자들은 플라톤의 이데아와 같이 절대적인 진리가 인간 앞에 선재한다고 본다. 절대적 진리는 결국 이성의 진리인 것이다. 따라서 인간은 선재하는 진리를 학습해야 하는 것이다. 보수주의자들은 문명화된 세계의 모든 영역을 지배하는 절대적이고도 초월적 진리에로 학생을 이끌어주는 것이 유일한 교육형태라고 생각한다. 그러나 진보주의자들은 절대적 진리는 없으며 신성한 것으로 간주된 모든 기존의 진리에 대하여 끊임없이 의문을 제기하는 탐구의 과정이야말로 스스로 진리에 도달하는 첩경이라고 생각한다. 진리에 대한 상대론적·상황론적 관점이야말로 물리적 우주와 사회적 세계에서 일어나는 실제적 사태에 부합한다고 생각한다. 보수주의자들은 확실성의 성취를 추구하는 데 반하여 진보주의자들은 불확실성과 회의의 태도를 조장한다. 보수주의자들의 진리는 항구적인 데 반하여 진보주의자들의 진리는 역동적이다.

진보세력의 통렬한 반성이 요구되는 시대

17명의 교육감 중에서 13명의 진보교육감이 자리를 확보했다는 사실은 한국역사의 진보를 추구하는 모든 이들에게 더없는 기회인 동시에 더없는 위기상황이다. 진보교육감들이 "진보교육"이 과연 무엇인지를 모른다면, 오직 기존의 악에 대한 혁신적 해체만을 진보교육으로 생각한다면, 보수주의자들이 요구하는 교육의 디시플린과 기강과 질서의 감각을 포용하지 못한다면, "진보교육"은 국민대중의 외면의 구렁텅이로 전락하게 될 것이며 그 추동의 구심력을 상실할 것이다. 보수세력이 말하는 "잃어버린 10년" 동안 진보를 자처하는 자들이 오히려 진보의 기대를 좌절시켰다. 그 죄과를 지금 우리는 10년이나 치르고 있다. 만에 하나라도 진보교육감의 실정이 민중에게 또다시 오욕의 인상을 던져준다면 오늘의 기쁨은 이 민족으로부터 영원히 진보의 가능성을 앗아가는 비극이 될 것이다. 나 도올은 진보세력의 승리를 구가하는 것이 아니라, 그들에게 통렬한 반성을 촉구하기 위하여 이 글을 쓴다.

EBS 청소년을 위한 도올선생 특강, 순천여고 송백관, 2005년 5월 2일.
집중하는 학생들의 모습이 너무도 정겨웁다.

II

. . . .

공부론

공부의 의미는 과연 무엇일까

우리말에 "공부"라는 말이 있다. 이 "공부"라는 말은 실제로 우리나라 사람들이 교육을 생각할 때, 그 함의의 99%를 차지한다. 나의 자녀를 "교육 시킨다"는 말은 "공부 시킨다"는 말과 거의 같다. 나의 자녀에 대한 자랑도 "우리 아이는 공부를 잘해요"라는 명제로 표현된다. "공부를 잘한다"는 뜻은 과연 무엇일까?

"공부를 잘한다"는 의미를 복잡하게 해석할 필요는 없다. 우리 일상언어의 가장 평범한 의미체계를 정직하게 밝히는 것이 상책일 것이다. 그것은 "학교 시험점수가 높다"는 뜻이다. 우리 아이 공부 잘한다는 의미에 실제로 딴 뜻이 없다. "학교 시험점수가 높다"는 것은 대학입시에 유리하다는 뜻이고, 대학입시에 유리하다는 것은 서울의 몇몇 일류대학에 입학할 가능성이 높다는 뜻이다. 우리의 파란만장한 인생역정을 생각하고 저 현묘한 허공에 무한히 펼쳐진 갤럭시를 생각할 때, "공부"가 겨우 요따위 밴댕이 콧구멍만한 서울의 시공에 집약된다는 것은 감내하기 어려운 위선이요 치졸함이건만, 우리 5천만 동포의 현실적 가치관은 공부의 다른 의미를 허용하지 않는다.

공부의 어원, 한·중·일 단어의 비교

그런데 한번 생각해보자! 공부의 본래적 의미를! 공부를 한자로 쓰면 "工夫"가 된다. 이것은 아무리 뜯어보아도 그 자형에서 "공장 인부" 정도의 이상의 의미를 발견할 수 없다. 참으로 이상하다! 그런데 이 "工夫"는 우리 현대어에서 실제로 영어의 "투 스터디to study"라는 말과 상응한다. 그 라틴어 어원인 "스투데레 studēre"도 "학문을 한다"는 뜻으로, 무엇인가를 열심히 노력해서 습득한다는 의미를 갖는다. 그런데 그것은 실제로 개념적 지식의 한계를 넓힌다는 뜻으로 인간 이성의 확충이라는 의미와 관련되어 있다. 엘리트주의적 함의를 갖는다는 뜻이다.

그런데 동양 삼국의 서양언어 번역이 일치하는 경우가 허다한데, 이 "스터디"의 번역어만은 삼국이 다르다. 일본에서는 "벵쿄오스루勉強する"로 되어있고, 중국어에서는 "니엔수念書"로 되어있다. 일본말의 "벵쿄오스루"는 "억지로 힘쓴다"는 뜻이니, 사실 공부라는 것이 억지로 해야만 하는 괴로운 것이라는 매우 정직한 의미가 내포되어 있다. "니엔수"는 "책을 읽는다"는 뜻이다. 실제로 "스터디"의 실제 행위내용을 정확히 표현한 말이다. 예로부터 중국에서는 선비를 "뚜수르언讀書人"이라고 불러왔던 것이다. "스터디"의 번역어로서는 일본어나 중국어가 더 직접적이고 구체적이라 할 것이다.

그런데 왜 한국만이 유독 "공부工夫"라는 요상한 자형을 선택했을까? 일본어나 중국어에는 "공부"라는 말이 없을까? 물론 있다! 그러나 그 의미는 "스터디"와는 거리가 먼 다른 함의를 지니고 있다. 일본어의 "쿠후우스루工夫する"는 "요리조리 궁리하고 머리를 짜낸다"는 뜻이다. 그리고 중국어의 "工夫"는 그것을 과거의 웨이드자일시스템으로 표기하면 "kung-fu"가 되는데, 그것을 그냥 표기된 영어로 발음하면 "쿵후"가 된다. 다시 말해서 중국말의 공부는 이소룡이나 견자단이 펼치는 "쿵후," 즉 무술이 되는 것이다. 그런데 우리말의 "공부"의 원의는 사실 중국어의 "쿵후"가 보존하고 있는 의미를 계승한 것이다.

공부라는 말의 역사적 용례

"工夫"라는 글자는 선진문헌에는 나타나지 않는다. 당나라 때의 고승들의 어록에 처음 등장하는데, 당대에 이미 구어로서 정착된 것으로 간주된다. 그런데 "工"은 "功"의 약자이고, "夫"는 "扶"의 약자이다. "工夫"는 "功扶"를 의미한다. 무엇인가를 열심히 도와서(扶) 공(功)을 성취한다는 뜻이다. 우리가 흔히 쓰는 "성공한다"라는 말도 단순히 "출세한다"는 뜻이 아니라 구체적으로 "공을 성취한다"라는 뜻이다. "공을 이룬다成功"는 말을 신체의 단련을 통하여 어떤 경지를 성취한다는 뜻으로 해석하면 한국인의 다양한 무술적 성취야말로 공부의 한 전형을 보여주는 것이다. 이 "공부"라는 개념을 가장 많이 활용한 사상가가 바로 신유학의 에포크를 마련한 주희朱熹, 1130~1200라는 인물이다.

주희는 그가 편찬한 신유학의 앤톨로지인 『근사록近思錄』 속에서 송학의 선구자 정명도·정이천 두 형제의 사상을 표현하면서 "공부"라는 말을 자주 썼다. 그리고 그의 『어류語類』에서 그 자신의 독특한 수양론을 펼치면서 "공부"라는 말을 무수히 활용하고 있다. 우리가 서양언어인 "스터디"를 번역하는데 "공부"를 고집한 것도, 바로 우리나라가 정통 주자학의 완강한 전통을 연속적으로 담지하고 있다고 하는 사실을 입증하는 것이다.

공부의 원의와 희랍인의 아레떼

현재 중국인이 사용하고 있는 백화적 표현에서 "꽁후우"(나의 씨케이시스템으로 표기한 "쿵후")는 쿵후라는 좁은 무술의 개념으로만 쓰는 것이 아니다. 인간이 신체적 혹은 정신적 단련을 통하여 달성하는 모든 신묘한 경지를 나타내는데 꽁후우라는 말을 쓴다. 예를 들면, 선반공이 쇠를 정교하게 깎는다든가, 용접공이 철판 용접을 감쪽같이 해낸다든가, 서예인이 능란하게 붓을 휘두른다든가, 어느 학동이 암산을 귀신같이 한다든가, 도축업자나 요리사가 식칼을 자유자재로 놀린다든가 하는 것을 중국인들은 "타더 꽁후우뿌추어他的工夫不錯"(그 사람, 공부가 대단하다)라고 표현한다. 희랍철학에서 덕德이라는 것을 "아레떼aretē"라고 표현하는데, 아레떼는 바로 칠예七藝의 모든 방면에서 한 인간이 신체적·정신적 단련을 통하여 달성하는 탁월함excellence을 의미한다. 공부와 아레떼는 거의 같은 의미를 가지고 있다.

도와 덕

우리가 흔히 듣는 옛 한석봉의 고사에서 한석봉이 학업을 중단하고 집에 돌아왔을 때 그의 모친이 어두운 밤중에 떡을 써는 장면이 있다. 다시 말해서 모친이 도마 위에서 떡을 써는 것과 아들이 종이 위에 글씨를 쓰는 것은 동일한 "공부"의 경지로써 비교되고 있는 것이다. 우리나라 판소리 소리꾼들이 득음을 하는 수련 과정을 "소리공부"라고 하는데, "갸는 공부가 되얏서"라고 내뱉는 소리꾼의 명제는 바로 "공부"라는 말의 원의를 충실하게 표현하고 있다 할 것이다.

우리가 지금 "도덕道德"이라는 말을 서양말의 모랄리티morality에 해당되는 말로서 의식 없이 쓰고 있는데, "도덕"이라는 말은 본시 노자老子의 사상에서 유래된 것이다. 그것은 도道와 덕德의 합성어이다. 『도덕경』 51장에 보면, "도는 생生하는 것이고 덕은 축畜하는 것이다. 道生之, 德畜之。"라는 함축된 명제가 있다. 도는 생생生生하는 천지 그 자체를 일컫는 것이라면 덕이란 그 천지의 생생지덕을 몸에 축적해나가는 것을 말하는 것이다. 도는 스스로 그러한 것(自然)이다. 그것은 교육의 대상이 아니다. 교육이란 축적해 나가는 과정, 즉 덕德의 측면과 관련되어 있는 것이다. 도가 자인Sein이라면 덕은 졸렌Sollen이다. 축적이란 시간을 전제로 하는 것이다. 즉 교육이란 시간의 예술이다. 이것은 교육의 모든 주체가 철저히 시간성에 복속된다는 것을 의미하는 것이다. 교육에는 "선험적 자아"는 부재한 것이다.

공부와 시간

"공부"의 의미를 다시 한 번 음미해보자! 어느 남학생이 여학생에게 데이트를 신청하기 위하여 "시간(짬) 있니?"라고 말하는 것을 현대 중국어로 표현하면, "니여우메이여우꽁후우你有沒有工夫?"가 된다. 다시 말해서 "공부"는 디시플린(=아레떼)을 의미하는 동시에 시간時間·틈暇을 의미하는 것이다. 이것은 모든 "공부"가 반드시 시간을 요한다는 철칙을 말하는 것이다. 그것은 이성의 선험적 구성이나 비시간적 깨달음이 아니다. 그것은 축적蓄되어야만 하는 덕德이다. 그 덕이 바로 교육이요, 우리가 말하는 도덕morality의 핵을 형성하는 것이다.

공부는 관념상의 변화가 아닌 몸의 단련

예수의 산상수훈에 이런 말씀이 있다: "나는 너희에게 이르노니 여자를 보고 음욕을 품는 자마다 마음에 이미 간음하였느니라."(마태 5:28). 생각만으로 이미 간음죄를 범하였다는 것인데, 사실 한 인간의 내면적 상상에 관해서는 우리가 측량할 길이 없다. 정죄란 그것이 사회적 행위로 표현될 때만 가능한 것이다. 그러나 행동 이전의 사유에 대하여서도 도덕성을 요구하였다는 의미에서 우리는 예수의 말을 의미있게 받아들일 수 있다. 그런데 더 본질적인 문제는 저 여자를 음탕하게 쳐다보는 것이 나의 몸의 요구로 이루어지고 있다는 사실에 있다. 저 여자를 음탕하게 쳐다보지 않는 것은 마음속에서 상상하고 지우는 관념적 변화로 이루어지는 것이 아니라, 오로지 몸의 공부(쿵후), 즉 몸의 단련을 통하여 이루어지는 것이다. 그것은 기나긴 시간을 통하여 공부를 축적해나갈 때만 가능한 것이다.

퇴계의 『성학십도』와 경의 철학

퇴계의 말년 걸작인 『성학십도聖學十圖』에는 우주와 인간 전체가 상술되고 있다. 그럼에도 불구하고 재미있게도 "천명天命"이라는 단어는 한 번도 등장하지 않는다. 즉 인간에게 명령하는 하늘, 인격적 주재자의 가능성으로서의 천天이라는 관념이 소실되어 버린 것이다. "천명, 즉 하늘의 명령이 무엇이냐?"라는 질문에 퇴계는 명쾌히 대답한다: "천天은 리理일 뿐이다."

다시 말해서 인간의 죄를 사하여 줄 수 있는 천天은 존재하지 않는다는 것이다. 나의 모든 행위는 나의 책임일 뿐이라는 것이다. 하늘은 곧 나의 마음이다. 나의 마음은 곧 리理며 성性이다. 나의 마음은 나라는 존재의 일신一身을 주재한다. 그런데 그 마음을 주재하는 것은 경敬이다. 그래서 퇴계의 철학을 "경의 철학"이라 말하고 그의 교육론을 "경의 교육론"이라 말한다. 주희朱熹는 학자의 공부로서 거경居敬과 궁리窮理의 이사二事를 말했는데, 그는 암암리 이 양자가 호상발명한다고 말하면서도 궁리, 즉 객관적 사물의 탐구에 더 역점을 두었다. 퇴계는 거경과 궁리를 근원적으로 포섭하는 경의 철학을 확립하고 철저히 우리 몸의 내면의 본질을 파고든 것이다.

경과 어텐션

경이란 우리가 여기서 말한 "몸의 공부"를 의미하는 것이다. 그것은 천명이 사라진, 이 지상에 던져진 고독한 인간이 스스로의 자각에 의하여 스스로의 주체성을 확립해나가는 과정Process인 것이다. 경敬은 우리말에서 보통 "진지함earnestness," "공경함reverence"을 뜻한다. 그런데 신유학의 독특한 용어로서는 일차적으로 "주일무적主一無適"의 의미가 된다. 그것은 마음의 상태가 하나에 전념하여 흐트러짐이 없는 것이다. 경은 현대심리학에서 말하는 "어텐션attention"으로 환치될 수 있는데, 그것은 곧 "집중력"을 의미하는 것이다. 집중력이야말로 모든 학습의 효율성을 지배하는 근원적 마음의 상태를 의미한다. 학생이 책상에 앉아있는 시간의 양이 곧 공부의 양을 말하는 것이 아니다. 집중하는 시간이 얼마나 되느냐 하는 것이 공부의 핵을 형성하는 것이다. 다시 말해서 집중하는 마음의 상태가 경敬인 것이다. 이러한 경의 마음을 유지하는 것이야말로 공부의 핵심이 되는 것이다. 무엇을 하더라도 경敬의 자세가 없으면 공부가 이루어지지 않는다. 모든 성공成功의 본질적 동력이 바로 경敬인 것이다.

동학이 말하는 성·경·신 세 글자

우리 민족사상사의 획기적인 분수령을 기록한 동학의 창시자 최수운崔水雲, 1824~64선생의 좌잠座箴에 이런 말이 있다: "나의 도는 넓고 넓지만 또 간략하기 그지없다. 많은 말을 필요로 하지 않는다. 그것은 별다른 도리가 아니요, 성誠, 경敬, 신信 세 글자일 뿐이다.吾道博而約, 不用多言義。別無他道理, 誠敬信三字。"성誠은 우주적 운행의 성실함Cosmic Authenticity을 말하는 것이요, 경은 집중하는 진지한 마음상태를 말하는 것이요, 신信이란 신험 있는 행동을 말하는 것이다. 수운은 제자들에게 성·경·신 이 세 글자 속에서 "공부工夫"를 할 것을 당부한다. 그의 『동경대전』은 "공부"라는 용어의 전통적 의미를 충실하게 보존하고 있다. 그러한 의미의 맥락에서 "보국안민輔國安民"이라고 거시적 테제를 말하고 있는 것이다. 우리 민족의 교육의 역사는 "공부의 역사"였던 것이다.

몸은 정신·육체 분할 이전의 개념

공부는 몸Mom을 전제로 한다. 몸이란 정신Mind과 육체Body의 이분법적 분할을 거부하는 인격 전체를 말하는 것이다. 공부란 몸, 그 인격 전체를 닦는 것이니, 그것이 곧 "수신修身"이다. 선진 고전의 "신身"이라는 글자는 "심心"을 포섭한다. 공부는 몸의 디시플린을 의미하는 것이다. 몸의 단련이란 몸의 다양한 기능의 민주적 균형을 말하는 것이다. 또한 어느 부분의 기능도 그 탁월함(아레떼)에 도달했을 때 가치상의 서열을 부여할 수 없다. 개념들의 연역적 조작에 영민한 학생이 수학을 탁월하게 잘하는 것이나 운동선수가 탁월한 신체적 능력을 발휘하는 것이나 음악성이 뛰어난 학생이 악기를 다루는 뛰어난 솜씨를 발휘하는 것이나, 이 모든 것을 동일한 가치의 "공부"로서 인정해야 한다. 어떠한 경우에도 학생은 "몸"이라는 우주의 총체적 조화로운 관리를 소홀히 해서는 아니 된다.

일상성의 승리

일어나고, 세수하고, 밥먹고, 걷고, 생활하고, 독서하고, 놀이하고, 쉬고, 잠자는 모든 일상적 행위가 敬(경)의 대상이 되어야 하며, 그 진지함 속에 개인과 사회와 우주의 도덕성이 내재한다는 것을 교육의 원리로서 자각해야 한다. 자녀에게 성모랄을 가르치려고 애쓰기보다는 자기 방을 깔끔하게 정돈하고 매사에 질서를 유지시키는 것을 스스로 공부하도록 도와주는 것이 진정한 몸의 모랄을 깨닫게 하는 더 효용이 높은 도리가 될 것이다. 우리는 서구적 자유주의의 파탄을 넘어서서 우리 민족의 유구한 일상적 규율의 원리를 회복해야 하는 것이다.

북경대학교 사합원 5원 보고청 특별강연, 2012년 10월 12일

연변대학교 단청루 보고청 특별강연, 2014년 5월 16일. 이 두 강의는 중국학생들을
상대로 중국어로 행한 것이다. 그들의 듣는 자세는 2시간 반 동안 흐트러짐이 없었다.
짙은 교감의 장이었다.

III

· · · · · · · · · ·

제도론

교육에는 진보·보수가 없다

교육에는 진보·보수가 없다. 내가 이 글의 제목을 "혁신교육감 시대"로 규정한 것도, 교육감을 사소한 몇몇의 방법론적 기준에 의하여 진보와 보수라는 카테고리로써 분류할 수도 없고, 해서는 아니 된다는 것을 나타낸 것이다. 나는 매사에 보수를 싫어하지만 진보주의자는 아니다. 나는 역사의 진보the Idea of Progress를 신봉하지 않는다. 나는 헤겔의 역사철학적 사관이나 칼 맑스의 경제발전단계설적 유물사관류의 필연주의적 역사주의historicism를 거부한다. 역사는 진보하지 않는다. 역사 그 자체는 인간의 언어행위나 가치관의 소산인 "진보"라는 개념에 의하여 규정될 수 없는 것이다. 역사는 진보하지도 퇴보하지도 않는다. 역사에 진보라는 게 있다면 그것은 오직 인간이 만들어가는 것이다.

역사주의의 허구성

진보적 생각을 가진 인간들이 모여 진보적인 삶의 양식을 창조하는 데 성공했다고 한다면 그 역사는 진보적인 것처럼 보일 것이다. 그런데 그 반대로 퇴보적 생각을 가진 인간들이 모여 퇴보적인 삶의 양식을 창조하는 데 성공했다면 역사는 하시고 퇴보하는 것처럼 보일 것이다. 인간과 상관없이 역사 그 자체가 저 혼자 슬그머니 진보하는 것처럼 말하는 것은 매우 기만적인 역사인식이요, 역사기술이다. 고조선의 역사보다 오늘의 21세기의 역사가 진보된 것이라고 말하는 것도 전혀 넌센스다. 그것은 관념적 편견이며 비과학적 환상이다. 역사의 주체는 어디까지나 인간이다. 역사의 모든 가치는 인간이 창조하는 것이다. 고대·중세·근대를 운운하는 모든 서구적 역사인식방법이 인간의 주체성을 외면한 기만적 필연성의 관념을 부지불식간에 역사 그 자체에 덮어 씌운 것이다. 인류의 모든 역사가 고대(노예제)·중세(봉건제)·근대(자본제)의 법칙을 따라야 할 하등의 이유가 없다. 그것은 모두 기독교적·아포칼립스적 섭리사관의 교활한 변형에 불과하다.

『주역』이 말하는 혁명의 의미

"보수"란 기존의 것을 보존하고(保) 지킨다(守)는 뜻인데, "기존의 것" 그 자체가 실체가 없을 뿐 아니라, 모든 보존과 지킴이 추구하는 안정stability이라는 것은 결국 서서한 퇴락과 몰락을 의미할 뿐이라는 것을 우리는 알아야 한다. 이 퇴몰을 막는 유일한 길은 새로움novelty을 창출하는 것이다. 창신創新의 요소를 도입하지 않는 모든 조화는 정체된 죽음의 조화일 뿐, 곧 시들고 만다. 새로움의 창출, 그것을 일컬어 "혁신"이라 하는 것이다. 혁괘(革卦 ䷰)를 보면 연못(☱) 한가운데서 불(☲)이 피어오르고 있다(澤中有火, 革). 그 얼마나 버거운 "타오름"이냐? 혁명이란 본시 이와 같이 불리한 조건에서 타오르는 것이다. 물에 금방 파묻힐 수도 있는 불길이지만, 결국 그 불길이 연못 전체를 들끓게 하고 만다. 그것이 혁명이요, 혁신이다!

"혁신교육감시대"라고 하는 것은 국민들의 정성과 소망의 불씨가 모여 지펴놓은 가냘픈 연못 속의 불길과도 같다. 그것은 이 시대의 필연적 존재론적 규정이 아니라 17명의 교육감의 정의로운 삶의 양식과 혁명적 사유가 주체적으로 창조해야 할 새로움의 당위인 것이다. 이 당위를 거부하는 어떠한 보수세력도 국민의 선의지의 준엄한 심판을 받게 될 것이다. 지니간 교육감선거제도까지 없애겠다고 난리를 핀다. 자멸의 망언일 뿐!

보수와 진보의 학교론, 가치론

앞서 나는 보수교육철학과 진보교육철학의 진리에 대한 관점을 절대적·상대적, 고착적·역동적, 선재적·상황적인 시각의 차이로써 규정한 바 있다. 그렇게 되면 선惡에 대한 인식에 관해서도, 불변의 진리에 도달하기 위해 이성을 사용하는 보수주의자들은 학생의 행동이나 습관 그리고 그 평가방식에 대해서도 절대적인 선악의 기준을 선재적으로 전제할 것이다. 그러나 진보주의자들은 모든 가치는 시대의 변화와 그때마다 등장하는 인류의 욕구에 맞추어 재구성되어야 하며 영구적인 선악의 기준은 존재하지 않는다고 볼 것이다.

보수주의자들은 학교의 존재이유에 관해서도, 이성주의적 입장에서 명료하게 규정하며, 가정환경이나 도제체제로써는 도저히 달성할 수 없는 집단적 탁월한 지적 능력을 개발하는 것으로써 자만한다. 이것은 필연적으로 엘리트주의를 낳는다. 그러나 진보주의자들은 학교에 궁극적이고도 최종적인 목표를 설정할 수는 없다고 보며, 그것도 지성의 개발보다는 전인발달이나 개인의 발달이 되어야 한다고 생각할 것이다.

한국적 보수의 진면목

이러한 논의를 끝없이 전개할 수도 있겠으나 우선 우리는 한국의 현황적 맥락에서 "보수주의"니 "진보주의"니 하는 개념의 명료한 근거를 따져볼 필요가 있다. 한국의 정치에 과연 진정한 보수가 있는가? 그렇다고 쥐뿔개뿔 진정한 진보가 있는가? 우리는 너무 잘 알고 있다. 한국정치에 보수도 없고 진보도 없다는 것을! 그럼 뭐가 있는가? 그것은 너무도 쉬운 얘기! 오직 기득권에 집착하여 개인의 부귀영달을 꾀하는 승냥이들의 완고한 집단만 있고, 그들의 폭압과 위압에 항거하여 그래도 다수의 민중이익을 방패막이로 내거는 투쟁집단이 있을 뿐이다. 자생의 이즘의 대결 같은 것은 찾아볼 수가 없다. 마찬가지로 교육에 있어서도 이즘의 대결 같은 것은 찾아보기 어렵다. 내가 여태까지 "진보주의"라고 표현한 것은 영어로는 "리버랄리즘liberalism"이 되는데, 이 "리버랄리즘"은 보통 "자유주의"로 번역된다. 그런데 한국에서는 "자유주의"라는 어감은 보수주의의 대칭이 아니라, 곧바로 보수주의의 이론적 보루가 되는 상황이 허다하다.

한국적 자유주의는 개인주의, 이권주의, 패권주의일 뿐

한국의 자유주의는 국가주의, 시장주의를 표방하는데, 그들의 국가주의는 보편주의적 가치기반을 무시한 철저한 개인의 이권주의·패권주의의 둔갑형태에 불과하다. 그들이 말하는 "국가"는 "기존의 이권얼개"일 뿐이다. 한국의 보수주의는 민족주의를 결하며, 친미적 종속주의와 반공론적 분열주의를 결탁시킨다. 따라서 보수주의와 자유주의, 개인주의와 국가주의의 이론적 함수를 나열하여 한국의 정치·교육상황을 범주적으로 설명하려고 하면 극심한 혼란에 빠진다.

그렇다면 한국의 교육보수주의란 무엇인가? 이 실체를 명료히 깨닫는 것은 실상 몇 초가 걸리지 않는다. 한국의 교육보수주의는 실상 입시교육주의이며, 입시교육에 성공적인 여건을 이미 보유한 기득권자들의 엘리트주의에 불과한 것이다. 그런데 이 엘리트주의의 실상을 깨닫는 데도 몇 초가 걸리지 않는다. 이 엘리트주의의 궁극적 근원은 일제식민지교육에 있었던 것이다.

한국의 보수는 식민지 멘탈리티의 연속태

우리 국민이 가난하고 힘없고 부당하게 억압받던 일제식민지 시절! 그나마 구한말로부터 시작하여 경술국치 이전까지 짧은 신교육의 각성기가 있었지만, 그 꿈은 산산이 좌절되었다. 독자적인 폴리테이아의 주체기반을 갖지 못한 우리 민중에게 있어서 교육을 받아 신분의 상승이나 확보를 성취할 수 있었던 유일하고도 확고한 길이 의대를 가서 의사가 되거나, 법대를 가서 법관이 되는 것이었다. 의사가 되면 돈 잘 벌고 일경에게 정치범으로 몰리지 않고 별 탈 없이 살 수 있는 기반이 마련될 수 있었고, 법관으로 임관되는 영예를 누리게 되면 일본인과 거의 대등한 관계를 유지할 수 있다고 하는 착각 속에 살 수가 있었던 것이다. 오늘 우리 사회에 집요하게 만연하는, 의대·법대병, 특히 경성제대 후신인 서울대에로의 집착병은 바로 이 식민지 멘탈리티의 완고한 연속태로써만 설명될 수 있는 것이다.

식민지교육의 정체: 독립하면 안된다

식민지교육이란 무엇인가? 그것은 너무도 명백하다! 독립을 가르치지 않는 것이다. 영원한 의존과 굴종을 가르치는 것이다. 식민지교육은 식민지의 신민臣民을 훈도하는 것이다. 누구든지 테라우찌寺內正毅, 1852~1919: 육군 대장. 초대 조선총독의 입장이라면 이 원칙을 당연히 고수했을 것이다. 그런데 독립을 가르치지 않는 것이 과연 교육이냐? 내가 기르는 닭을 보아도 병아리의 교육은 오직 병아리가 독립하도록, 다시 말해서 독자적인 삶을 스스로 살 수 있도록 환경과 싸우는 기술을 가르치는 것이다.

최근 고교 사회과목에서 헌법지식과 독자적인 삶의 판단의 방법론을 강화하는 건강한 교과서를 만드는 커리큘럼 개선의 시도가 있었다. 그런데 헌법을 학생들이 배워 헌법정신을 통하여 스스로의 삶을 개척할 수 있는 최소한의 기초적 법률적 지식을 갖는 것조차도 공포스럽게 생각하는 세력에 의하여 그러한 노력은 좌절되었다. 역사교과서의 문제도 가급적인 한 다양한 역사해석을 가능케 하는 격조 높은 차원에서의 사관의 확대에 신경을 쓰기보다는, 일제강점기의 모든 변화를 긍정적으로 받아들이게 만드는 저급한 역사기술을 강요하려 했다. 사실 일제시대사 뿐만아니라 조선왕조사의 기술만 보아도 아직도 매우 판에 박힌 조잡한 사관에 머물러 있다. 국사는 이러한 이념적 논쟁의 희생물이 되어 필수과목에서 탈락하는 비운을 겪고 있다. 도대체 자기역사를 필수로 가르치지 않고 무엇을 가르치겠다는 것인가?

메이지 천황의 교육칙어와 박정희 대통령의 교육헌장

이러한 일련의 움직임을 우리가 보수와 진보의 대결이라는 언어로써 규정할 수는 없는 것이다. 조선민족의 독립을 두려워하는 식민지교육의 완고한 연속상에 불과한 것이다. 1886년 10월 30일에 반포된 메이지 천황의 "교육칙어敎育勅語"를 보라! 모든 학문적 성취와 덕성이 오로지 "천양무궁天壤無窮의 황운皇運을 부익扶翼하는 것"으로 구조 지워져 있다. 그리고 뒤이어 이러한 진술의 내용이 시간과 공간을 초월하는 절대적 진리이며, 천황 스스로 신민臣民들과 더불어 실천할 것임을 천명하고 있다. 그런데 1968년 12월 5일 박정희 대통령 이름으로 반포된 "국민교육헌장"은 거의 동일한 사상구조와 언어적 유사성을 가지고 있다: "반공 민주정신에 투철한 애국 애족이 우리의 삶의 길이며, 자유세계의 이상을 실현하는 기반이다."

교육이 지향하는 인간상: 역사이념의 체현

교육이란 그 교육이 처한 역사가 체현하고자 하는 인간의 이상적 상과 대체적으로 일치한다. 교육은 인간형성Human Building이다. 빌딩에는 설계도가 있기 마련인데 그것은 그 역사사회가 구현하고자 하는 이념의 체계를 반영하는 것이다. 희랍인들의 교육은 폴리스에 사는 사람들의 염원을 구현하기 위한 것이었다. 그런데 폴리스는 전쟁국가였다. 도시국가간의 전쟁을 성공적으로 수행해내는 전사Warrior들을 길러내지 못하면 존속이 불가능한 커뮤니티 형태였다. 따라서 희랍의 모든 교육이념은 어떻게 이상적인 전사를 길러내느냐 하는 명제로 집약된다. 플라톤의『국가』를 읽어보면 너무도 끔찍한 전체주의적 사유에 치를 떨게 된다. 가혹한 짐내스틱스gymnastics의 강요, 철저한 재산공유, 우생학적 목적을 위한 가족관계의 철저한 파기, 엄마·아버지라는 개념이 사라진다, 결혼은 완벽하게 국가가 조종한다, 애조풍의 리디아 음악이나 흥겨운 이오니아 음악이 금지되고 용기를 북돋는 도리아 음악, 극기와 절제를 자아내는 프리지아 음악만 허용된다, 시인이나 비극적 드라마는 추방된다. 이러한 괴이한 교육론도 그가 처한 아테네의 현실 속에서는 매우 리얼한 현실적인 이상이었다.

서양 중세사회가 지향한 인간상의 이념은 전사가 아닌 종교적 성직자였으므로, 그 교육철학도 중세보편성을 지향하는 종교교육이었다. 르네상스 이후의 서양의 교육은 뿌리 깊은 중세기의 종교적 질곡으로부터 인간을 해방시키는 인문주의적 전략humanistic strategy이었다. 조선왕조는 중앙집권적 관료체제의 귀족국가였다. 조선조의 교육은 바로 그러한 사회의 귀족관료를 수급하기 위한 군자君子를 길러내는 방편으로서의 철학을 바탕으로 하고 있었다.

시민이란 무엇인가

자아! 그렇다면 오늘 우리의 교육이 지향하는 인간상은 무엇일까? 전사일까? 성직자일까? 군자일까? 인문학자일까? 그 어느 것도 아니다! 지금 우리는 대한민국을 말하고 있다. 대한민국은 민주공화국이다. 다시 말해서 민주사회를 구성하는 인간의 이상을 말하고 있는 것이다. 그것은 무엇일까? 바로 민주시민인 것이다. "시민市民"이란 무엇인가? 시市의 민民이다. 다시 말해서 시장의 사람이다. 한마디로 "장돌뱅이"인 것이다. 장돌뱅이를 서구역사학에서 "부르죠아"라고 불렀는데, 이들은 상행위의 자유를 보장받기를 원하는 개체들이었다. 이 부르죠아가 프롤레타리아로 확대되고, 프롤레타리아가 20세기 민족국가에서 다시 국민으로 확대되어 오늘의 보편적 "시민"의 개념을 형성한 것이다.

20세기 대중교육의 등장

이 시민의 개념과 더불어 우리가 꼭 알아야만 할 개념이 "대중교육mass education"이다. 한 국가에 소속한 구성원 전체를 국가의 돈으로 집단적으로 교육시킨다고 하는 발상은 산업혁명의 고도의 발전과 그에 수반된 20세기 민족국가의 성립, 그 이후에나 발전한 인류의 새로운 체험이다. 1세기의 실험으로는 아직도 인류가 이 대중교육이라는 체험을 정확히 이해하지 못하고 있는 것이다. 대중교육에 관한 한 서양이 우리보다 앞선 것도 없고 다 같이 문제 투성이인 것이다. 우리나라도 현재 국방비의 2배 가까운 돈을 대중 교육에 쏟아붓고 있다. 대중교육의 소이연은 대중사회 즉 민주사 회의 균질된 인력의 형성, 그리고 평균적 가치의 보편화라는 테제로 집약될 수밖에 없다.

시민의 제1덕성: 자유아닌 협력

그런데 이러한 평균적 가치의 시민상의 핵심을 "자유*libertās*" 로 생각하는 것은 거대한 오류이다. 민주는 오직 성숙한 인간의 관계망 속에서만 의미를 지니는 도덕이다. 우리는 다음과 같은 민주사회 제1의 명제를 반드시 기억해야 한다: "시민의 제1의 덕 성은 자유가 아니라, 협력이다. The primary virtue of a citizen is not freedom, but cooperation." 자유는 소극적 가치이며 협력은 적극적 가치이다.

바로 시민사회를 형성해가는 주축수단인 대중교육의 소이연은 바로 "협력하는 인간*homo cooperativus*"에 있는 것이다. 시민은 개인의 모든 덕성을 포섭하지만, 반드시 협력을 전제로 해야만 시민다움을 구현할 수 있다. 협력이란 유기적 전체에 대한 부분의 복속을 의미하지 않는다. 오히려 전체는, 칸트 미학의 과제상황이 시사하듯이, 부분들의 협력을 위하여 가설적으로, 유동적으로 존재하는 것이다. 대중교육의 구현체인 공교육의 장은 고등한 지능 high intelligence을 가르치기 위한 것이 아니라 협력을 가르치기 위한 것이라는, 누구도 부인할 수 없는 제1원리를 우리는 끊임없이 환기해야 한다. 협력은 자기절제와 대의의 존중을 전제로 한다.

어느 회장님이 아주 특별한 엘리트 고등학교를 만들기 이전에 상의를 하러 나의 서재를 방문한 적이 있다. 그때 나는 그의 구상의 부당함을 계속 지적했다. 그러한 소수 엘리티즘의 구상, 사교육의 최고급의 가능성을 정규교육에 포섭시키고자 하는 그의 구상은 결코 미래를 크게 내다본 것이 아니며, 또한 그러한 기관에서 배출된 인재가 국가에 유용한 인물로서 성장하기 어렵다는 것을 역설했다. 그것을 뛰어넘는 진정한 혁신적 발상을 나는 제시했다. 당시 그 회장님은 나의 언설을 이해하지 못했다.

식민지교육의 폐허에서 피어난 혁신학교운동

일제식민지교육의 폐해를 극복한 것은 우리 학생들 스스로의 깨우침에 의한 것이었다. 3·1민중독립항쟁, 광주학생의거, 2·28 대구학생의거, 4·19학생혁명, 5·18광주민주화항쟁, 6·10민주항쟁을 거치면서 학생들은 그들이 산 시대에 항거했지만 그 항거를 억누르려는 식민통치자의 후손들은 자국의 식민지배를 계속 강화해나갔다. 그 변통을 모르는 타락의 소돔과 고모라의 현장에서 민중 스스로의 각성에 의하여 솟은 불길이 바로 남한산성 자락에 자리잡고 있는 너무도 초라한 남한산초교에서부터 시작한 "혁신학교"운동이다. 이 학교는 1912년 개교한 이래 해공 신익희가 다닌 바 있는 유서깊은 학교였으나 2000년 3월 기준으로 학생이 26명 밖에 남지 않았다. 폐교의 위기상황에 몰린 교장과 교사들은 의기투합하여 혁신적 발상으로 창의적인 교육을 하기 시작했다. 지금은 사방에서 이 학교에 들어가고자 하기 때문에 학생수가 150명이 넘는다.

특목고·자사고는 결코 바람직한 모델이 아니다

"혁신학교"는 현재 우리 민족의 미래 운명을 결정할 희망의 요소를 다 갖추고 있다. 그러나 "혁신학교"가 "혁신학교"로 머무르면 안된다. 혁신학교의 모습이 우리나라 중·고등학교 전체의 모습이 되어야 한다. 특목고·자사고는 점차적으로 폐지되는 방향에서 새로운 틀을 짜야 한다. 특목고·자사고의 자율적 특성이 오직 입시교육의 강화를 위한 방편으로 악용되고 있다는데 그 근본적 문제점이 있는 것이다. 특목고·자사고의 존재가 공교육을 돕는 것이 아니라 망치고 있다면, 그들이 추구하는 엘리트주의가 공교육을 슬럼화하고 특권계층의 그릇된 선민의식을 조장하는 결과를 낳는다면 그것은 민주사회의 보편적인 원칙을 위배하는 것이다. 엘리트도 평범한 환경속에서 성장해야만 진정한 엘리트가 되는 것이다. 모든 공교육 하나하나의 교실의 장이 다양한 사회 전체상의 축소판이 되어야만 하는 것이다.

대학입시가 과연 절대적인 장벽일까

이러한 모든 논의는 대학입시라는 막강한 벽을 놓고 생각하면 무기력한 공론처럼 들린다. 서울대학교가 엄존하는 한 중·고교 체제의 논의는 무의미하다는 것이다. 과연 그럴까? 만약 공교육 전체가 혁신학교가 되면 역으로 대학입시가 저절로 중·고교의 요구에 의하여 규정되는 혁명적 변화를 맞이하게 된다. 대학이 고교의 모습을 규정하는 것이 아니라 고교의 교육체제가 대학의 정당한 모습을 요청하는 것이다.

서울대학은 학부가 폐지되고, 그 전체가 새로운 고등교육기관으로 승격되어야 하며, 전국의 국립대학이 국립서울대학 부산캠퍼스, 광주캠퍼스, 대구캠퍼스, 전주캠퍼스, 제주캠퍼스, 청주캠퍼스, 대전캠퍼스, 춘천캠퍼스 ……로 통합된다. 그리고 전국 국립대학의 등록금은 사립대학의 3분의 1 이하가 된다. 그리고 교수들에게는 정당한 재원이 지원되며 주기적으로 각 캠퍼스를 따라 이동한다. 우수한 교수들의 이동은 대학을 평준화시킬 것이다. 그리고 학생은 통합시스템 속에서 학점을 자유롭게 트랜스퍼할 수 있다. 서울시립대학이 반값등록금을 실천한 후 곧 선망의 대학으로 격상되어간 모습을 보라!

대학을 서열화하지 말라

그리고 대학을 서열화하는 일체의 평가제도를 폐지해야 한다. 하나의 사적이익단체(신문사)가 자의적·물리적 기준에 의하여 전국의 대학의 서열을 매긴다는 것은 넌센스 중의 넌센스다! 그들의 기준이라는 것이 도무지 대학의 본질적 개선과는 아무런 관련이 없는 것이다. 학생이 교수를 평가하는, 지금과 같은 의미 없는 평가제도는 폐기되어야 한다. 대학은 자율체이다. 타율적 기준에 의하여 서열화될 수 없다. 우리나라 헌법 31조에는 다음과 같은 말이 명시되어 있다: **"교육의 자주성·전문성·정치적 중립성 및**

대학의 자율성은 법률이 정하는 바에 의하여 보장된다."

혁명은 눈앞에 오고 있다! 우리 민족의 밝은 앞날이 혁신학교의 불길, 백제 금관의 염화문양처럼 장엄하게 타오르는 그 모습 속에서 개벽되리라!

고려대학교 특강, 박물관, 2011년 4월 28일. 내가 1986년 고대 강단을 떠난 후 처음 열린 강의였다. 25년만이었다. 역시 모교의 분위기는 따스한 엄마의 품과도 같았다.

IV

교사론

전남대학교 철학과의 경우

인문학 르네상스의 열풍을 일으키고 있는 전남대학교 철학과에서는 1학년 정원 35명 중에서 6개의 자리를 특별히 대안학교 출신의 학생들에게 수능점수에 관계없이 배당한다고 한다. 처음에 3명만 받았다가 그들의 성적이 너무 우수하고 또 인간적으로 성숙되어 있어 6명으로 늘렸는데, 이들의 존재는 과의 면학분위기를 놀랍게 향상시키고 있다고 한다. 자유로운 사색과 억압받지 않는 삶, 그리고 목전의 당면한 성취스트레스에 오염되지 않은 여유로움을 지닌 어린 생령의 정신능력이 철학을 공부하는데 훨씬 더 적합한 토양을 보유한다는 사실은 의심의 여지가 없다.

그런데 중요한 사실은 이러한 입학내규가 국립대학 과교수들 자체의 합의에 의하여 성립하고 있다는 것이다. 교육혁명은 바로 이렇게 로칼하고도 자율적인 작은 불씨로부터 시작되는 것이다. 중·고교의 현실태가 대학입시에 영향을 주는 좋은 사례로서 우리가 주목할 만하다. 성공회대학교에도 대안학교·혁신학교 출신들을 따로 배려하는 입학제도가 활성화되어 있다고 한다. 서울시교육청에서도 엄선된 대안학교·혁신학교 출신의 우수학생들을 대학과 협의하여 추천하는 방안을 모색하고 있다고 한다.

협동과 협력의 뉘앙스

나는 앞서 시민의 제1의 덕성을 자유 아닌 "코오퍼레이션 cooperation"이라는 영어단어를 써서 말했는데, 그것을 "협동"이라 번역하지 않고 "협력"이라고 번역했다. 협동이라는 단어는 전체우선주의에 의하여 개체가 말살되는 느낌을 줄 수도 있다. "협력"이란 대등한 개체간의 협조양식을 의미한다. 민주는 법질서로 이루어지는 것이 아니다. 공자도 우리 인생이란 송사에 휘말리지 않는 것이 상책이라 했고, 사회질서를 법으로 유지하게 되면 민중이 피하는 것만 배우고 염치를 상실한다고 했다(民免而無恥). 민주는 인간개체 내면의 덕성의 공통분모가 없이는 성립할 수가 없다.

자유는 일시적 느낌

여기 협력과 대극점에 있는 "자유"라는 말은 "프리덤freedom"의 번역술어이다. "自由"라는 단어는 선진문헌에는 나오지 않는다. "freedom"은 "free"라는 형용사의 명사형인데, "free"는 반드시 "from"이라는 전치사를 수반한다. 자유는 그 자체로 절대적인 의미를 가질 수 없으며 반드시 "……부터의 자유"라는 맥락에서 의미를 갖는다. 절대적 자유라는 것은 존재하지 않는다. "자유"란 결국 억압으로부터 풀려날 때 발생하는 일시적인 느낌일 뿐이다. 이러한 일시적 느낌을 인생의 지고의 목표로 삼거나, 보편교육 즉 대중교육의 주제로 삼을 수는 없다.

자유로부터의 도피

인간은 자유에 탐닉하게 되면 반드시 자기파멸을 가져오게 되거나, 향유하던 자유를 헌납하게 된다. 이 자유의 헌납이 인간이 사악한 종교에 굴종하게 되는 이유다. 하나님이라는 추상체가 굴종의 대상으로는 제일 마음편한 것이다. 사교邪敎는 이러한 인간의 약점을 활용하여 사익을 취한다. 인류가 자유를 처음으로 흠뻑 누리게 된 20세기 벽두에 히틀러의 나치즘이나 무솔리니의 파시즘이

창궐하게 된 것도 같은 맥락에서 이해될 수 있다.

자유에서 자율로

자유는 존재하지 않는다. 자유는 일시적인 느낌이다. 그렇다면 인간은 자유로울 수 없는가? 물론 인간은 자유로울 수 있다. 어떻게? 존재모드를 "자유"에서 "자율自律"로 전환할 때만이 가능한 것이다. 자율이란 무엇인가? 자기가 자기에게 스스로 규율을 부과하는 것이다. 인간은 욕망의 주체이다. 욕망은 공생의 진리를 부정하는 강렬한 유혹성을 가지고 있다. 사적인 욕망에 자기를 포기하지 않는 것, 다시 말해서 법정 스님께서 그토록 가르치시고 실천하신 "무소유"를 실천하는 것, 우리의 존재모드를 소유모드에서 무소유모드로 전환하는 것, 이 전환을 나는 "협력 cooperation"이라고 부른 것이다.

칸트의 자율적 도덕론

칸트는 이 자율의 궁극적 원리를 나의 주관적 의지의 격률이 항상 동시에 모든 사람이 같이 지킬 수 있는 보편적 입법의 원리로서 타당할 수 있도록 행위한다고 하는 정언명령categorical imperative에 두었다. 그리고 인간은 수단화될 수 없다고 주장했다. 목적의 왕국에서 같이 공생해야 한다는 것이다. 한마디로 잘라 말하면, 우리가 추구하는 진보교육 즉 혁신교육이라는 것은 피교육자인 학생을 입시나 여타 사회적 경쟁가치를 위한 수단으로 간주하지 않고, 그 자체의 인격을 목적의 왕국에 안치하는 것이다.

그런데 이러한 진보교육의 원리가 왕왕 서구적 시장중심주의적 자유주의와 혼효되고 있다는 것을 나의 공부이론과 협력이론은 지적하고 있는 것이다.

소유의 비극

자유란 결국 욕망에의 굴종이다. 우리에게 식욕이라는 게 있다. 고량진미에 대한 유혹은 참으로 참기 어려운 도락이다. 그런데 이 식욕은 기껏해야 1.5리터 가량의 위벽의 제한된 공간에 제약당한다. 색욕도 마찬가지다. 색도락을 즐길수록 인간의 신체가 파멸되어 간다는 것을 누구보다도 본인들이 먼저 깨닫는다. 그런데 포화점을 모르는 욕망이 있다. 이것이 바로 소유욕이다. 인간의 소유욕은 우주를 다 소유해도 끝나지 않는다. 지식도 역동적 깨달음의 여정이 아니라 아파트나 자동차 같은 재산목록처럼 소유창고에 축적되는 것처럼 생각한다. 사랑도 사랑하는 대상을 구속하고 감금하고 지배하는 것을 의미한다. 종교도 인간이 신을 소유하고 신이 세계를 소유하는 소유의 순환으로서 이해된다.

쾌락의 만족과 독락의 폭력사회

우리가 살고있는 산업사회의 미신 중의 하나가 감각적인 쾌락을 무한정 만족시킴으로써 최대다수의 최대행복이라는 지상명제를 실현할 수 있다는 검증되지 않는 신념이다. 무한한 개인적 자유의 실현을 향하여 역사가 진보하고 있다고 믿고 있는 것이다. 공산주의조차도 사람들의 감각적 욕구를 최대한 만족시키기 위해서 물질적 풍요를 실현한다고 하는 혁명목표의 나이브한 신화를 버리지 않는다. 인간이 소유를 통하여 삶을 자유롭고 독립적으로 형성한다는 꿈은, 결국 소비를 조장하는 극소수 대기업과 그 기업과 결탁된 관료제의 폭력이 조작하는 자국민의 식민지화 정책의 일환일 뿐이라는 사실에 눈을 뜨면 허망한 것이 되고 만다. 소유모드에 빠져있는 인간은 자신의 정체성이 자기가 소유하는 것의 양과 질에 의하여 결정된다고 믿기 때문에 되도록 더 많이 더 좋은 것을 소유하려고 하며, 이를 위하여 힘을 필요로 하게 된다. 결국 이러한 힘의 요청이 "여민동락與民同樂"을 거부하는 "독락獨樂"의 폭력사회를 요청하게 되는 것이다.

협력과 무아

"협력"이란 바로 이러한 소유모드를 근원적으로 단절시키는 "무아"(無我, anātman)의 철학적 배경이 없이는 달성하기 어려운 것이다. 자유란 쉬운 것이나 자율이란 어려운 것이다. 자율이란 반드시 "교육"을 통하여 달성되는 "교양"이며 이 교양의 집합을 우리가 "문명"이라고 부르는 것이다. "civilization"이라는 단어는 "civilized"(교양 있다)라는 단어와 상통하며, 시민civitās이라는 말과도 어원이 상통한다. 시민, 교양, 문명, 협력, 무아가 결국 동일한 가치관의 내재적 맥락을 갖는 것이다.

존 듀이 철학을 왜곡하지 말라

그런데 진보주의교육이 왕왕 자유주의로 오해된다. 그리고 자유주의는 개인주의적 가치를 지상의 테제로 삼는 성향이 있다. 개체지상주의는 결국 방종으로 귀결된다. 몬테소리Montessori, 섬머

힐Summerhill류의 열린학교가 초창기의 건강한 혁명적 성격과는 달리 실패로 끝나는 이유가 결국 "방종"과 "훈육의 결여," "결과적 진부성"의 문제를 해결할 수 없기 때문이다. 나는 개인적으로 나의 철학적 선배로서 존 듀이John Dewey, 1859~1952: 미국 교육철학의 아버지를 매우 존경하지만 그의 리버랄리즘적 교육관의 계승자들이 시행한 교육방법론의 파탄은 미국의 공교육을 망쳐버리고 미국 사회를 근원적으로 해체시키는 데 공헌한 측면이 있다고 생각한다.

학생은 결코 온전한 개체라고만 말할 수 없다

듀이 철학이 역동적 과정을 중시하지만, 교육이 "과정 그 자체"에 대한 신화적 예찬에만 머물게 되면 아무런 목표설정이나 "휴먼빌딩"의 결실이 부재하게 된다. 한국의 학부모들이 초창기의 대안학교를 불안하게 바라보았던 제1의 이유였다. 어설프게 혁신교육을 외치는 자들이 흔히 말한다: 학생은 온전한 개체이므로 그 온전한 개체의 가능성이 스스로 발현되도록 돕는 것이 교사의 임무이다. 말인즉 매우 근사하게 들린다. 그러나 학생의 현실태는 온전한 개체가 아니다. 학생은 교육받기 위해서 학교에 오는 것이다. 목가적인 에밀Émil의 반교육적인 체험을 반복하려는 것은 아니다. 학생이 온전한 개체라는 것은 학생을 바라보는 시각 설정의 이데아티푸스적 좌표일 수는 있으나 그것이 곧 학생의 현실태일 수는 없다.

길거리에 가득 찬 것이 다 성인

맹자도 사람은 모두 요순이 될 수 있다 했고, 나는 성인과 동류同類라고 말했다. 그리고 왕양명의 제자들은 "길거리에 가득찬 것이 모두 성인이다.滿街人都是聖人."라고 말했다. 그런데 이것은 19세기 조선의 유자 최한기崔漢綺, 1803~1877의 말대로, 인간의 가능성을 말한 것이지 현실태의 승인은 아니다. 인간은 교육되어야 한다. 혁신학교의 자발성은 교육적 계기의 효율적 방법론을 말한 것이지 자발성 그 자체에 절대적 가치를 두자는 것이 아니다. 교육은 무아적 자기규율의 난제를 수행해야 하는 것이다. 그래서 "협력하는 인간homo cooperativus"을 만들어 내야 하는 것이다.

대안학교와 규율

이러한 교육의 수행자가 바로 "교사"이다. 모든 낭만주의 교육,

열린 교육, 자유 교육의 낭패는 바로 교사와 학생을 완벽하게 평등한 개체로 설정하는 천진스러운 낙관주의에 있다. 나의 "공부론"은 이러한 낙관론을 거부한다. 모든 성공적인 대안학교·혁신학교는 자율적 규율성을 강조한다. 내가 경험한 김제의 지평선중·고등학교는 매우 실험적인 학교임에도 불구하고 학생들이 놀라운 자발적 규율성을 과시하고 있었다. 그토록 학생들이 예절에 밝은 것이다.

에꼴 노르말의 경우

프랑스가 인류의 인문주의세계에 자랑하는, 세계지성계를 선도한 위대한 사상가들을 배출한 걸출한 교육기관으로서 에꼴 노르말 쉬페리외르École Normale Supérieure라는 것이 있다. 앙리 베르그송, 에밀 뒤르껭, 사르트르, 보봐르, 메를로 퐁티, 알튀세르, 미셸 푸코, 자크 데리다, 알랭 바디우 …… 이 셀 수 없는 많은 위대한 사상가들이 이 한 교육기관에서 쏟아져 나왔다. 참으로 경이롭다 할 것이다. 그런데 이 프랑스 교육부 산하의 교육기관이 고등학교 교사를 배출하기 위한 "사범학교"로서 출발한 기관이라는 평범한 사실을 인지하는 사람이 별로 없다. 프랑스에서는 중·고등학교 교사도 "프로페쉬르professeur"라고 부른다. 에꼴 노르

말을 거친 사람들이 고등학교에서 가르치다가 논문을 써서 대학으로 가기도 하고, 또 대학에서 가르치던 사람이 고등학교 교사를 택하여 전근가기도 한다. 교사에 대한 인식이 우리와는 다른 것이다.

우리나라 사범대학 전통은 일제 관료주의 연속태

단도직입적으로 말해서 나는 우리나라의 사범대학제도와 교사임용고시제도를 전면 재고해야 한다고 생각한다. 한 대학에 문리과 대학의 국문과, 물리학과와 사범대학의 국문과, 물리학과가 2원적 구조로 따로 있을 필요가 없다. 대학에서는 무전제의 순수학문을 전공하고, 교사의 임용은 대학원 레벨의 고등교육기관의 심오한 훈도를 받은 자들에게 자동적으로 허락되는 것이 정도일 것이다. 서울대학교를 대학원 수준의 에꼴 노르말로 만드는 것이 우리 민족 미래비전의 중요한 과제라고 나는 생각한다.

그러나 이러한 이상적인 새 질서는 당장 실천하기 어려운 과제상황이므로 주어진 현실 속에서 어떻게 교육개선을 이룩할 것인가, 그것을 고민해야 한다.

교육의 주체는 교사

　교육의 주체는 교사이지 학생이 아니다. 학생은 피교육자이며, 입학하여 졸업하는 과객過客이다. 객客에 대하여 주主의 자리는 선생이 지키는 것이다. 학교의 주체도 교사이지 교장·교감이 아니다. 그리고 지금 우리 사회가 당면한 교육개혁의 주체도 결국 교사이다. 교사가 바로 서지 않으면 어떠한 교육개선의 지침도 허언虛言이 되고 만다. 교사는 교육의 알파이며 오메가이다. 교사에 대한 새로운 인식이 없이는 우리는 교육개혁을 실현할 길이 없다. 교육개혁이란 결국 교사가 학생들의 교육 그 자체에 헌신할 수 있는 존귀함의 입지를 만들어주는 것이다. 학교를 학부형이 좌지우지하고 교사는 그 하수인인 꼴, 교장·교감은 교육청의 명령을 일방적으로 하달하며 교사를 닦달하고 있는 꼴, 이것은 도무지 잘못되어도 한참 잘못된 판국이다. 『여씨춘추呂氏春秋』「존사尊師」편에는 중국의 모든 고래 성인이 스승을 존귀하게 섬기지 않은 자가 없었다(未有不尊師者也)라고 말한다. 스승을 존귀하게 생각하지 못하는 사람은 결국 큰 인물이 될 수 없다는 뜻이다. 대인大人을 만나본 적이 없는 자가 대인이 될 수는 없는 것이다.

교사혁명의 다섯 가지 조건

나는 교사의 존엄성과 학교의 면학분위기를 제고시키기 위한 현실적 개선방향으로서 다음의 다섯 가지 테제를 제시한다.

첫째, 교사는 교육의 커리큘럼을 조정할 수 있을 뿐 아니라, 자기가 주체적으로 시험문제를 내고 자기가 채점할 수 있어야 한다. 이것은 개성있는 교육이 가능해지는 원칙이요 첨경이다. 수학자·물리학자로서 20세기의 가장 완정한 형이상학적 우주론을 수립한 화이트헤드A. N. Whitehead, 1861~1947는 교사가 자기가 가르치는 과목의 교과과정을 자신의 주체적 판단에 따라 상황적으로 조정할 수 없다면 그것은 인문·과학교육의 기본여건에 미달하는 것이라고 말했다. 그런데 우리나라는 현재 입시교육의 전체주의적 엄격성 때문에 그러한 권한을 교사에게 허락하지 않는다. 이런 상황에서는 교사의 교수내용에 창의성과 자발성이 확보될 수 없다. 획일적 기준에로의 순응만 있으면 학생은 교과내용에 대한 흥미를 상실한다.

둘째, 교사에게는 체벌의 권한이 있어야 한다. 교사가 체벌을 할 수 있다 없다 하는 문제가 법규적으로 논의된다는 것 자체가 비교육적인 것이다. 요즈음처럼 민주화된 사회에서 교사가 체벌을 할 수 있다 할지라도 과연 체벌의 어려움을 감내할 자가 몇 명이나 있을까? 공부는 몸의 공부이며 교육은 몸의 교육이다. 말의 한계를 느낄 때 각성의 계기로서 체벌을 사용하는 것은 유용한 방편이 될 수 있다. 단지 체벌은 "때리는 것"이 아니라는 것, 그것은 감정의 표출이 아니며 객관화된 제식objectified ritual이라는 것, 그리고 신체적 상해를 초래해서는 안된다는 것이다. 체벌에 관해서는 학생들과의 자율적 약속의 전제가 있으면 그만이며, 시나 고전 구절을 외우게 한다든가 운동장을 몇 바퀴 뛰게 한다든가 하는 다양한 방법이 운용될 수 있을 것이다.

셋째, 학부형이 학교에 항의하는 일체의 행위를 학부형 스스로 부끄럽게 느끼는 전반적 사회분위기가 조성되어야 한다. 학생의 본질적 인권이 훼손당하는 중대사 이외로, 점수나 학교행정상의 사소한 문제에 학부형이 개입하는 행위는 엄격하게 차단되어야 마땅하다. 학부형은 어떠한 경우에도 임의적으로 교무실을 침입할 수 없다.

넷째, 교감·교장의 평가기준이 교사들의 창의적인 교육적 가치에 대한 기여도를 우선하는 방향으로 조정되어야 한다. 현금의 교육개혁은 혁신학교 운영하기 전에 이미 교장 한 사람만이라도 위대한 인격체로서 교사들을 보호하고 학생들의 교육에 헌신하는 모범을 보인다면, 학교분위기의 많은 문제가 개선될 수 있다. 교장, 교감, 장학사, 장학관이라는 행정직에 진급하기 위하여 학생교육에 근본적 가치를 두지 않고 개인의 안위와 영달만을 추구하며, 일제식 관변주의문화의 악순환을 영속시키고 있는 현실은 정죄되어야 한다.

다섯째, 교육청 자체 내의 수많은 비리가 깨끗이 척결되어야 한다.

나와 대학동기인 이재정 교육감에게 나는 이런 말을 건넸다.

"여보게, 혁신학교에서는 교장을 공모한다는데 내가 한번 응모해보면 어떨까?"

한참 생각해보더니 이감은 나에게 이렇게 대답했다.

"자격여건이 어떻게 될지는 모르겠으나 우선 당신은 나이가 많아 실격일 것 같구만."

그래서 내가 말했다.

"그럼 한 3개월 공석을 메우는 기간제교사를 신청해보면 어떨까?"
"그건 될 수 있겠는데. 암 되구말구!"

『예기』「학기」의 교학상장론

그런 기회가 주어진다면 나는 중·고교 교육현장에서 내가 한 말들을 차분하게 검증하고, 새롭게 "교육함"을 배워가는 체험을 해보고 싶다. 교사의 덕성은 『예기禮記』「학기學記」에 나오는 "교학상장敎學相長"이라는 이 한마디! 「학기」는 말한다:

"아름다운 요리가 앞에 있어도 먹어보지 않으면 그 맛을 알 길이 없고, 지극한 도리가 앞에 있어도 배워보지 않으면 그 위대함을 알 길이 없다. 그러므로 배우고 난 연후에나 비로소 자신의 부족함을 깨닫고, 가르쳐 보고 난 연후에나 비로소 교육의 곤요로움을 깨닫는다. 자신의 부족함을 깨달은 연후에 사람은 진정으로 자기를 반성할 수 있고, 교육의 어려움을 깨달은 연후에 교육자는 자신의 실력을 보강하게 된다. 그러므로 말하노라! 가르치는 자와 배우는 자는 서로를 키운다!

雖有嘉肴, 弗食不知其旨也。雖有至道, 弗學不知其善也。是故學然後知不足, 教然後知困。知不足, 然後能自反也。知困, 然後能自强也。故曰教學相長也。"

EBS 교육주간 특별기획, 청소년을 위한 도올선생 특강. 상명고등학교 학생들과 교정을 거닐며 담소하였는데 삶에 관한 진지한 질문을 나에게 던졌다. 그들의 꿈은 아름다웠다. 2005년 5월 3일.

V

· · · · · · · · ·

회고와 전망

교학상장의 실천론, 관계론, 생성론

내 글을 진지하게 읽는 사람들은 "교학상장敎學相長"이라는 이 한마디가 내포하고 있는 다양한 의미맥락으로부터 충격에 가까운 전율을 느꼈을 것이다: "아무리 아름다운 요리가 앞에 있어도 먹어보지 않으면 그 맛을 알 길이 없다.雖有嘉肴, 弗食不知其旨。" 라는 것은 교육에 있어서의 모든 실천주의, 과정론적 참여주의, 그리고 요즈음 말하는 체험학습의 의미를 압축한 것이다. 그런데 더욱 놀라운 사실은 교육에 있어서 교사의 화민성속化民成俗(민중을 변화시키고 새로운 문화의 패러다임을 조성한다)의 주체성과 그 존엄을 말하면서도, 교사라는 주체가 일방적인 주체가 아니며 반드시 학생을 전제로 해서만 가능한 쌍방적·상감적相感的·융합적 주체라는 것, 다시 말해서 선생과 학생은 상즉상입相卽相入의 관계망 속에서 끊임없이 교감하는 생성태라는 진리를 설파하고 있다는 것이다.

교육론에 관한 한 데카르트적 코기탄스는 없다

여기에는 데카르트가 말하는 "나는 생각한다. 고로 나는 존재한다"와 같은 "나"(코기탄스)는 존재하지 않는다. 데카르트로부터 칸트에 이르는 선험적 자아의 실체성은 여기에 엿보이지 않는다. 선생과 학생은 선험적 절대적 실체가 아니라 끊임없이 교감하면서 서로를 형성해가는 역동적인 생성관계태라는 것이다. 기원전 3세기경의 문헌에서 "교학상장"과도 같은 관계론·과정론을 발견한다는 것은 동방의 교육사상이 얼마나 인문적 사유의 선진성을 과시하고 있는가 하는 것을 말해주고 있다. 그럼에도 불구하고 우리 교육사상계를 지배하는 편견의 대세는 동방의 전통사상은 개인의 창의성을 말살하며 형식주의적이며, 기계주의적이며 교조주의적이라는 것이다. 그렇게 전도된 망상을 우리에게 계속 강요하고 있는 것이다. 그 대표적인 예로서 "주입식 교육"은 서양교육에 대비되는 전통교육의 소산이며 그러기에 척결되어야 한다는 식의 터무니없는 주입식 교육 저주를 들 수 있다.

공자의 주입식이 아닌 계발교육론

공자는 말한다: "나는 분발치 아니 하는 학생을 계도하려고 노력하지 않는다. 나는 궁금증이 쌓여 고민하는 학생이 아니면 촉발시켜 주려고 노력하지 않는다. 한 꼭지를 들어 말해주어 세 꼭지로써 반추할 줄 모르면 더 반복치 않고 기다릴 뿐. 不憤不啓, 不悱不發, 擧一隅不以三隅反, 則不復也。" 이것은 공자 교학방법의 전모를 말해주는 명언이다. 우리가 현재 쓰고 있는 "계발啓發"이라는 말이 바로 이 공자의 말씀에서 유래된 것이다. 공자는 주입식의 교육을 강요한 적이 없고 철저히 계발식의 교육을 주장했다. 공자는 학생의 자학능력自學能力과 독립사고, 그리고 학생의 주동성主動性적 깨달음의 과정을 강조했다. 그 과정의 초기단계가 "계啓"이고 진전된 단계가 "발發"이다. "거일반삼擧一反三"이라고 하는 것은 학생이 주동적으로 깨달음의 영역을 확대해나가는 것을 말하는 것이다. 교육이란 사문화된 지식을 축적하는 것이 아니라, 깨달음의 촉발의 계기를 확대해나가는 것이다.

학과 사의 변증법

공자는 말한다: "배우기만 하고 생각지 않으면 맹목적이 되고,

생각하기만 하고 배우지 않으면 위태롭다.學而不思則罔, 思而不學則殆。"배움은 반드시 배우는 자의 반추적 사유를 동반해야 하며, 또 그러한 자기체험적 사색을 통해 배움의 계기 그 자체를 확대해나가야 한다. "학"(學, Learning)과 "사"(思, Reflection)는 변증법적 발전관계에 있다. 교학상장이나 학과 사의 변증법은 공자 본인의 삶의 자세였다. 공자는 자기 인생을 총평하는 자리에서 이와 같이 말했다: "묵묵히 사물을 인식하고, 끊임없이 배우며 싫증 내지 아니 하고, 사람을 가르치는 데 게을리 하지 아니 하노라. 이 것 외로 내 인생에 또 무엇이 있으리오! 默而識之, 學而不厭, 誨人不倦, 何有於我哉!"

공자의 세미나

공자는 학생들과 종종 세미나를 했다. 그가 유랑생활을 할 때 논두렁에 쪼그리고 앉아서도 틈틈이 세미나를 했다. 그의 유랑길을 시종일관 지킨 것은 자로子路와 안회顔回였다. 쫓겨다니면서 논두렁에서 밥을 지어 먹어야 하는 고달픈 인생! 공자는 갑자기 이런 말을 한다: "야들아! 각자 인생 포부를 한번 말해보기로 하자!" 그러니까 나서기 좋아하는 자로가 먼저 이렇게 말한다: "난 말이유, 천리마가 달린 고급수레 하나 타고 다니는 것이 소원이유." 요즈음

말로 하면 최고급 벤츠 승용차 하나 굴리고 싶다는 소박한 포부를 말한 것이다. 그리고 또 "가벼운 고급 털옷을 유감없이 입어보았으면 좋갔수." 베르사체 모피외투라도 하나 구하고 싶었던 모양이다. 그러자 안연이 이번에는 이렇게 말한다: "저는 성적이 좋아도 자랑치 아니하고, 공을 세워도 그 공을 드러내지 않는 그런 조용한 인간이 되고 싶습니다." 역시 모범생다운 대답이라 할 수 있다. 이때 자로가 불쑥 이렇게 말한다: "이제 형님 차례유. 형님이 한번 말씀해보슈."(공자와 자로는 나이 차이가 많지 않았고, 서로를 아끼는 마음이 단짝 친구와도 같았다). 이에 사양치 않고 공자는 이와 같이 대답한다. 이 마지막 한 마디야말로 유교의 전체적 성격을 규정지운 천하의 명언이 되었다: "난 말이다! 늙은이로부터는 편안하게 느껴질 수 있으며, 친구로부터는 믿음직스럽게 여겨지며, 젊은이로부터는 그리움의 대상이 되는 그런 인간이 되고 싶단다.""노자안지老者安之, 붕우신지朋友信之, 소자회지少者懷之." 이 세 마디는 동양문명의 전체적 성격을 규정한 위대한 발언이다. 나는 공자가 그토록 소박하지만 더 이상 없는 지고의 이상을 말하고 있는, 그 거대한 인품에 반하고 말았다. 내가 『논어』에서 가장 사랑하는 로기온이 바로 이 세 마디이다. 공자는 세미나, 즉 토론수업을 통하여 자신의 철학을 설파하였던 것이다.

공자의 친절한 교수방법

공자의 교수방법을 나타내는 또 하나의 명언이 있다: "세상사람들이 나 보고 박식하다고들 말하는데, 과연 내가 뭘 좀 아는가? 나는 말야, 아는 것이 별로 없어! 단지 비천한 아이라도 나에게 질문을 하면, 비록 그것이 골빈 듯한 멍청한 질문이라 할지라도, 반드시 그 양단兩端의 논리를 다 꺼내어 그가 납득할 수 있도록, 있는 성의를 다해 자세히 말해준다. 이래서 내가 좀 아는 것처럼 보였을지도 모르지. 吾有知乎哉? 無知也。有鄙夫問於我, 空空如也, 我叩其兩端而竭焉。"

유교무류: 가르침만 있고 인간차등은 없다

공자의 위대함은 주입식 교육에 있었던 것이 아니다. 학생이 아무리 멍청한 질문을 해도 그 질문의 긍정적·부정적 양 극단의 가능성의 모든 스펙트럼을 드러내어 질문자 스스로 그것을 깨닫도록 만드는 "계발"이 그의 교육방법이었다. 21세기 혁신교육의 모든 가능성은 이미 공자에 구현되어 있었다. 공자는 개방적이었다. 그리고 인간에 대한 계급적 차별의식이 없었다: "난 말야, 누구든 육포 한 다발이라도 가지고 와서 예를 갖추면, 가르쳐주지 않은 적이 없었거든.自行束脩以上, 吾未嘗無誨焉。"공자는 말한다:"가르치는데 류類적 차별은 있을 수 없다.有敎無類。"이 "유교무류"라는 유명한 명제는 "오직 가르침만 있고, 류적 차별은 있을 수 없다"라고 번역될 수도 있다. 공자는 교육에 인간차등을 두지 않았다. 보편교육의 실천자였다.

공허한 토론교육에 대한 공자의 반론

그러나 나의 이러한 논의가 주입식교육을 저주하고 토론식교육을 예찬하는 것이 아니라는 것을 명백히 할 필요가 있다. "주입"은 교육의 주요방법이다. 주입하고자 하는 내용이 식민지교육·군사독재교육에 의하여 터무니없이 왜곡되었다고 하는 커리큘럼 비리에 대한 비판과, 주입이라고 하는 교육방법론의 가치를 혼효하는 오류는 허용될 수 없다. 주입의 효율적 방법으로 학생들의 자발적 흥미를 유발시키는 선생님은 초특급의 교사요, 위대한 교육자라고 말할 수 있다. 토론도 위대한 교사의 인도가 없으면 공허해진다. 교사의 능력부족을 토론으로 위장할 수는 없는 것이다. 공자는 이런 말을 한 적이 있다:"내 일찍이 종일토록 밥을 먹지도 않고 밤새도록 잠도 자지 않고 생각에만 골몰하여도 보았으나 별 유익함이 없었다. 역시 배우는 것만 같지 못하니라.吾嘗終日

不食, 終夜不寢, 以思, 無益。不如學也。" 공허한 토론, 공허한 사색은 말짱 황이라는 얘기다. 서구의 유수 대학의 대부분의 위대한 강의는 주입식이다. 학생들이 쓸데없는 질문만 남발하는 혼란스러운 강의는 저급한 강의로 폄하된다.

교사의 두 가지 덕성

교사의 자질을 결정하는 두 가지 위대한 덕성이 있다. 그 첫째는 학생들에 대한 따사로운 인간적 사랑이다. 학생들을 인격적 개체로 존중하고 그들의 마음상태에 이입empathy하는 정서적 폭을 갖춘 인격이다. 둘째는 자기가 소유한 지식과 자기가 신념으로 생각하는 정당한 가치를 가급적인 한 효율적으로 학생에게 분유시키고자 하는 지적 열정intellectual ardor이다. 주입은 그 지적 열정의 위대한 방편이요, 토론은 주입의 평화롭고 효율적인 방법론일 수 있다. 이 모든 것은 과목의 성격과 교실의 분위기, 학생들의 수용성과 지적 수준에 따라 상황적으로 결정될 뿐이다. 교육은 하나의 이념적 방법론에 치우칠 수 없다. 인간은 복합적이다. 자유와 필연의 복합체이며, 무위와 유위, 무형과 유형의 경계태이며, 하느님과 세계의 동시적 구유체이다. 이 복잡한 인간은 어떠한 경우에도 하나의 이념, 하나의 방법론으로써 교육되어질 수 없다. 그리고

나는 말한다: 교사는 프로파간디스트propagandist가 아니다.

교사는 원칙적으로 개인의 소신을 전하는 사람

교사는 본래 개인이었다. 국가나 제도의 속박이 없었다. 소크라테스도 혼자 걸어다니며 아테네의 청년들과 대화를 나누었다. 공자도 혼자서 교육의 텍스트를 만들어서 인류사상 최초로 사士라는 계급을 창출시켰다. 따라서 교사는 개인의 소신을 전하는 사람이지 국가의 이념을 선포하는 도구가 아니었다. 도산서원은 이퇴계 개인의 소신을 전하는 곳이었다. 교사가 국가제도에 복속되고 프로파간디스트로 전락하게 된 것은 동서를 막론하고 모두 20세기의 민족국가nation state에서 일어난 현상이다.

모든 교사는 혁명가

역사적으로 교육은 종교와 지배계급과 국가의 전횡의 도구였다. 이 전횡에 맞서 최소한의 인간의 도리, 즉 후마니타스 *hūmānitās*를 가르친 문명의 전사들이 교사였다. 모든 교사는 혁명가이어야 한다. 국민의 의견이 획일주의적으로 통일되면 국가가 강해진다는 생각은 모든 우파적 성향의 꼴통들이 지니는 독단이다. 의견의 제일성齊一性은 국가멸망의 첩경이다. 자유로운 토론과 다양한 견해의 수용, 개방적 정책의 운용만이 국가가 사는 길이라는 것을 인류의 역사는 예시해왔다. 생각의 제일성을 위하여 증오의 복음을 가르치는 종교나 국가나 개인은 필망한다.

공자의 인

공자가 그의 철학의 핵심을 "인仁"이라는 한마디로 압축했다는 사실을 우리는 잘 알고 있다. 제자들을 평가할 때도 그 인격체가 가진 덕성의 장점을 허여하면서도, "그가 인仁합니까?" 하고 물으면 항상 "인하다고까지는 말할 수 없다"라고 말한다. "인"은 그의 세계관의 궁극범주ultimate category였다. 그런데도 공자는 이렇게 말한다: "인仁이 멀리 있다구? 내가 원하면 당장 여기로 달려오는 것이 인仁인데! 仁遠乎哉? 我欲仁, 斯仁至矣." 그리고 또 이렇게 말한다: "인仁에 당하여서는 선생에게도 양보하지 말라! 當仁, 不讓於師." 선생과 학생의 관계에 있어서 공자가 얼마나 비권위주의적이었나 하는 것을 잘 말해준다. 바로 여기로, 바로 삶의 현장 한가운데로 달려오는 인仁이란 과연 무엇인가?

인의 어의

인에 관해서는 여러 차원의 다양한 철학적 담론이 있다. 나는 의사로서 다음과 같은 간결한 해석을 제시한다. "인"의 반대는 "불인不仁"이다. 그런데 "불인"은 신체의 마비현상을 의미한다. 느낌이 없는 것이다. 그런데 "인"은 행인(杏仁, 살구씨), 도인(桃仁, 복숭아씨), 의이인(薏苡仁, 율무씨), 마자인(麻子仁, 삼씨), 욱리인(郁李仁, 이스라지씨)과 같이 "씨"(seed)를 의미한다. 씨는 전 우주를 느끼는 생명이다. "씨"는 "느낌"(Feeling)이다. 이것은 서양언어에서 감성, 감수성을 뜻하는 "에스티지아esthesia"(esthetics, 미학)이라는 단어의 부정태인 "아네스티지아anesthesia"가 의학용어로 "마취," "무감각"을 의미하는 것과 정확하게 상통한다.

인: 아름다움과 인간적 정감에 대한 수용성

"인"이란 결국 심미적 감성이 충분히 발현된 상태를 의미한다. 교육은 문화를 형성하는 것이며, 문화는 아름다움과 인간적 정감에 대한 수용성receptiveness을 의미한다. 백과사전적 정보의 축적만으로는 교양있는 인간이 되지 않는다. 요즈음처럼 인터넷 정보가 난무하는 시절에 드라이한 백과사전적 지식이 과연 무슨 의미를 가질 수 있겠는가! 교육의 목표는 인仁을 달성하는 것이다. 인仁이 곧 인人이다.

엄마가 남긴 교육자의 심상

나에게 있어서 교육자의 심상은 나의 엄마가 내 가슴에 그려놓은 것이다. 나의 모친은 무한한 호기심과 섬세한 미감의 소유자였다. 나의 엄마가 평생 어김없이 새벽기도를 다니신 이야기는 옛 천안 잿배기 가도에 칸트의 산보처럼 전해져 왔다. 그런데 어느날 엄마는 새벽기도를 가지 않았다. 왜? 엄마는 나팔꽃처럼 아침에 피어나는 꽃의 동태를 전부 관찰하고픈 간절한 소망이 있었다. 꽃이 피어나는 그 모습을 두 눈으로 관찰하고 싶었던 것이다. 그것은 결코 쉬운 일이 아니었다. 벼르고 벼르다가 엄마는 교회를 가지 않고 우리집 화단을 지킨 것이다. 어슴푸레 먼동이 트는 추이와 함께 3시간 동안 꼬박 한 꽃망울을 응시한 것이다. 내가 잠에서 눈을 떴을 때, "난 보았다!"라고 외치신, 그 한마디 속에 성취된 엄마의 감성과 해탈인에 가까운 그 환한 얼굴을 나는 지금도 잊을 수가 없다.

대학교 때 나는 풍세면을 지나 깊은 고을 광덕면에 자리잡고 있는 폐찰에 가까운 광덕사에서 중노릇을 한 적이 있다. 공부한다고 들어갔다가 아예 머리 깎고 스님옷을 입고 염불을 외웠다. 몇 달을 지내고 집에 오는데 나는 삿갓을 쓰고 스님복장을 입은 채 갔다. 상경길에 시골 할머니들이 어찌나 나에게 인사를 하는지, 우리 민중 속에 불교가 깊게 자리잡고 있다는 것을 깨달았다. 나는 상당히 두려웠다. 평생을 기독교에 헌신하신 어머니가 갑자기 변모한 나의 모습을 보면 얼마나 놀라실까? 가슴이 두근두근 거렸다.

대문을 밀치고 들어가는 순간, 엄마가 화단에서 꽃을 가꾸고 계셨는데, 순간 뒤돌아보시는 엄마의 낯빛은 조금도 변하지 않았다. 예기치 않은 그 순간에도 단지 아들이 돌아왔다는 반가움에 활짝 웃음 지우셨던 것이다. 내가 무슨 옷을 입었든지 간에, 그것은 인지의 대상이 아니었던 것이다. 나는 단지 "막내아들 용옥이"였을 뿐이다. 옷이 아닌 인간을 바라보셨다. 엄마는 내가 기독교신앙을 버리고 교회에 나가지 않았을 때에도 단 한 번도 그에 관해 말씀하신 적이 없었다: "용옥이가 자각이 들어 그리하는 것이니 그대로 두어라!" 엄마는 돌아가실 때까지 날 교회에 나오라고 말씀하시지 않으셨다. 그래서 나는 "잃어버린 양"이 되지 않을 수 있었던 것이다.

나는 엄마의 회초리와 더불어 『신약성경』 『천자문』 『격몽요결』을 암송했다. 엄마는 나에게 항상 말씀하셨다: "아들아! 너는 너보다 더 부귀한 인간들로부터 상찬을 들으려 하지 마라. 항상 너보다 어린 사람들에게 존경을 받는 사람이 되어라. 영원히 이 땅의 젊은이들을 교육해야 한다." 엄마는 영원히 이 민족의 미래만을 걱정하는 인간이었다. 과거의 사감에 사로잡힘이 없으셨다. 나는 생각한다. 학교는 이 땅의 어린이들에게 엄마의 품이 되어야 한다고.

우리 민족 교육의 이상은 과거제도 이전의 풍류

교육에 관한 한 우리 민족은 지구상의 어느 민족에게도 뒤짐이 없는 완미한 전통을 지녀왔다. 교육에 관하여 외국의 모델을 운운하는 것은 참으로 어리석은 짓이다. 전사를 길러내기 위하여 전체주의적 폭력을 조장한 플라톤의 교육론으로부터 출발한 서양의 교육사는 아직도 전체주의와 개인주의의 극심한 대립 속에서 방황하고 있다. 그 중용과 복합적 공부를 찾지 못하고 있다. 그러나 우리 민족의 교육전통은, 물론 조선의 과거제도와 그와 구조적으로 결탁된 일본제국주의 식민지교육 그리고 군사독재정권의 국가주의에 의하여 왜곡되기는 했지만, 무한한 가능성을 함장하고 있다. 한국인의 교육열은 세계문명사적으로 유례가 없는 것이다. 나는 우리의 교육은 고운 최치원崔致遠, 857~908년 이후 사망이 말한 화랑교육의 실상, 유·불·도의 다양한 이념을 배타 없이 수용하는 "풍류風流"라는 "현묘지도玄妙之道"로 복귀하는 영원한 테제를 가지고 있다고 생각한다. "바람"은 "신성"(神聖: divinity)을 의미하며 "흐름"(流)은 실체적 정체성을 거부하는 역동적 균형이다. 인간의 현묘한 신성神性을 끊임없이 개발하는, 역동적 조화를 지향하는 몸의 흐름을 말한다.

녹두장군과 단원고 학생들

어두운 사형장으로 끌려갈 때 녹두장군 전봉준은 이와 같이 외쳤다: "나를 죽일진대 종로 네거리에서 목을 베어 오고가는 사람에게 내 피를 뿌려주는 것이 가할진대 어찌 컴컴한 적굴 속에서 암연暗然히 죽이는가!" 컴컴한 바다 속으로 스러져간 단원고의 학생들은 지금 이 순간에도 외치고 있다: "우리의 죽음을 헛되이 하지 말라!"

나 도올은 마지막 한마디만 교육담당자들에게 간곡히 말하고 싶다: "혁신은 창조적 전진creative advance이다. 해체deformation, deconstruction가 아닌 형성formation, construction이다."

개성 성균관 정문. 2003년 6월 30일. 고 정몽헌 회장과 함께 개성에 갔을 때 내가
찍은 사진이다. 아버지의 유훈을 온몸으로 실천하면서 남북화해에 헌신한 정몽헌
회장의 순결한 모습을 나는 항상 그리워 한다.

서울 성균관 대성전

【참고문헌】

· · · · · · · · · ·

나의 가장 주요한 참고문헌은 실상 문헌이 아니라 우리나라 교육현
장에서 땀을 흘리고 있는 교사들의 체험이었다. 그들과의 대화를 여기
일일이 밝히지 못함을 송구스럽게 생각한다. 나와의 토론에 응해주신
여러분들께 심심한 사의를 표한다.

그리고 내가 참고한 책은 수없이 많지만 직접적인 인용의 대상이 된
책에 관하여 몇 권 적어놓는다. 나의 인식에 소화된 형태로 그 생각이
반영된 것이어서 일일이 그 출전을 밝힐 수는 없었다.

1. John Dewey. *Democracy and Education*. New York: The
   Macmillan Company, 1952.

2. A. N. Whitehead. *The Aims of Education and Other Essays*.
   New York: The Free Press, 1967.

3. Bertrand Russell. *Education and the Social Order*. London:
   Unwin Paperbacks, 1977.

4. Bertrand Russell. *Authority and the Individual*. London: Unwin
   Paperbacks, 1990.

5. Bertrand Russell. *On Education*. London: Unwin Paperbacks, 1985.

6. 이만규.『조선교육사 I・II』. 서울: 거름, 1988.

7. 韓基彦.『韓國敎育史』. 서울: 博英社, 1983.

8. 신득렬.『교육사상사』. 서울: 학지사, 2012.

9. Adrian M. Dupuis, Robin L. Gordon. 조현철 역.『서양교육철학사』. 서울: 학지사, 2012.

10. 윌리암 보이드. 李烘雨・朴在文・柳漢九 역.『서양교육사』. 파주: 교육과학사, 2013.

11. 高橋進.『李退溪と敬の哲學』. 東京: 東洋書院, 1985.

12. 丁淳睦.『退溪의 敎育哲學』. 서울: 지식산업사, 1986.

13. 平原春好・寺崎昌男 編.『新版敎育小事典』. 東京: 學陽書房, 2013.

14. 山崎英則・片上宗二 編.『敎育用語辭典』. 東京: ミネルヴァ書房, 2014.

15. 최치원 지음. 이상현 옮김.『계원필경 1・2』. 서울: 한국고전번역원, 2009.

16. 최치원 지음. 이상현 옮김.『고운집』. 서울: 한국고전번역원, 2009.

17. 陳東原.『中國敎育史』. 台北: 臺灣商務印書館, 1970.

18. 陳靑之.『中國敎育史 上, 下』. 北京: 東方出版社, 2012.

19. 吳康.『孔孟荀哲學 上, 下册』. 台北: 臺灣商務印書館, 1977.

20. 王道成.『科擧史話』. 北京: 中華書局, 2004.

21. 沈兼士.『中國考試制度史』. 台北: 臺灣商務印書館, 1971.

22. 中華孔子研究所 編.『孔子研究論文集』. 北京: 教育科學出版社, 1987.

23. 曲阜師範學院 孔子研究所 編.『孔子教育思想論文集』. 長沙: 湖南教育出版社, 1985.

24. Robert E. Egner & Lester E. Denonn ed. *The Basic Writings of Bertrand Russell*. London: Routledge, 2003.

25. Paul Arthur Schilpp & Lewis Edwin Hahn ed. *The Philosophy of John Dewey*. La Salle: Open Court, 1989.

26. Adrian M. Dupuis and Robin L. Gordon. *Philosophy of Education in Historical Perspective*. Lanham : University Press of America, Inc., 2010.

27. 표영삼 지음.『동학1 – 수운의 삶과 생각』. 서울: 통나무, 2004.

28. 김용옥.『나는 불교를 이렇게 본다』. 서울: 통나무, 1989.

29. 김용옥.『논어한글역주』(전3권). 서울: 통나무, 2008.

30. 김용옥.『대학·학기한글역주』. 서울: 통나무, 2009.

31. 김용옥.『논술과 철학강의 1·2』. 서울: 통나무, 2006.

32. 陳景磐.『孔子的教育思想』. 武漢: 湖北人民出版社, 1981.

33. 劉錫辰.『孔子及其教育思想』. 開封: 河南大學出版社, 1985.

34. 俵木浩太郎.『孔子と教育』. 東京: みすず書房, 1990.

35. Henry T. Edmondson Ⅲ. *John Dewey & the Decline of American Education – How the patron saint of schools has corrupted teaching and learning*. Wilmington : ISI Books, 2006.

북간도 명동학교 가는 길, 선바위, 2014년 5월 14일 촬영

도올의 교육입국론

2014년	7월	7일	초판 발행
2014년	7월	17일	1판 2쇄
2017년	12월	4일	증보신판 1쇄
2018년	12월	1일	증보신판 2쇄

지은이 도올 김용옥
펴낸이   남호섭
펴낸곳   통나무

서울특별시 종로구 동숭동 199-27
전화: 02) 744-7992
출판등록 1989. 11. 3. 제1-970호

ⓒ Kim Young-Oak, 2014   값 9,500원
ISBN 978-89-8264-129-9   (03370)